打造你的
话语权

提升语言软实力　增强语言影响力

鲍玉成　著

天津出版传媒集团

天津人民出版社

图书在版编目（CIP）数据

打造你的话语权 / 鲍玉成著 . —天津：天津人民
出版社，2018.5
ISBN 978-7-201-12762-0

Ⅰ.①打… Ⅱ.①鲍… Ⅲ.①语言艺术—通俗读物
Ⅳ.① H019-49

中国版本图书馆 CIP 数据核字（2017）第 310015 号

打造你的话语权
DAZAO NIDE HUAYUQUAN

出　　版	天津人民出版社
出 版 人	黄　沛
地　　址	天津市和平区西康路35号康岳大厦
邮　　编	300051
邮购电话	（022）23332469
网　　址	http：//www. tjrmcbs. com
电子信箱	tjrmcbs@126.com

责任编辑	刘子伯
装帧设计	一个人·设计

印　　刷	北京溢漾印刷有限公司
经　　销	新华书店
开　　本	710×1000毫米　1/16
印　　张	16
字　　数	200千字
版次印次	2018年5月第1版　2018年5月第1次印刷
定　　价	39.80元

前言
PREFACE

一个人的影响面有多大，他的成就就能有多大。

从古代到现代，从国内到国外，无论是政界领袖，苏秦、张仪、林肯、里根、奥巴马，还是商界大佬，马云、雷军、柳传志，盖茨、扎克伯格、卡耐基……99%的成功人士都是深谙语言影响艺术的沟通大师。

从他们那或是酣畅淋漓，或是大气磅礴，或是谈笑风生，或是润物无声的引人入胜、动人心弦的演讲中，我们分明看到一种东西——影响力。

什么是影响力？就是别人对你绝对的佩服与放心。当别人敬佩、信任你的时候，就很容易接受你的想法，这个时候，你的想法会很容易得到实现。

有了影响力，一切皆有可能。

正如你所看到的那样，影响力，很大程度上取决于一个人的语言能力。语言是有声的思想，所以语言具有很强的能量。对于个体而言，一个人的语言是否具有影响力，将决定他生命、生活的质量。

说话没有影响力的人，很难做成事业，因为无论是在组建团队还是商务沟通中，他都很难说出令人信服的话，建立不起自己的话语权，所以他的想法没有人愿意去执行，他的影响力不足以让别人把心放到肚子里。试想，如果马云当初不能说服其他"十七罗汉"对自己鼎力相助，马云还会是今天的马云吗？

说话有影响力的人就不一样了！

有"话语权"的人可以靠说话维系着亲情、建立友情、追求爱情，他们的生活也因此变得丰富多彩；事业上，他们用说话强化和维护着各种关系，拓展了发展空间；个人成长中，他们以说话获取知识，充实并壮大自己，不断追寻或提升自己的人生目标。

正因如此，马雅可夫斯基说："语言是人的力量的统帅。"意即，精湛的口语表达艺术在社会生活中的重要性是不可估量的。所以，打造你的话语权，这对于一个有志谋求更大发展的人来说，显然是势在必行的。

在本书中，笔者先以精炼的语言讲明道理，再以生动的事例去例证，然后去解释阐述，具体而实际，一切就如发生在身边。而每一个所选事例总能恰到好处，具有很深的说服力。内容没有华丽语言，没有过度的鼓吹与粉饰，只为能更好地说明如何打造语言的影响力。

这是一堂现代人必修的话语权塑造课程。它会告诉你：如何从容、自信、亲切地展现你的人格魅力与领导风范；面对各种公众场合，如何张口就来，纲举目张，语惊四座，举手投足彰显卓越才能和不凡气质；如何迅速提升你的公众沟通能力和影响能力。这一切，其实都有秘诀和方法——本书将为你一一解开！这一切将令你感到不可思议——而又不可以思议得那么切实可行。

目录
CONTENTS

第一篇　为什么你说的话，在别人那里无足轻重

在不同场合，面对不同的观众，你是不是因为缺乏讲话技巧，导致发言空洞无物，逻辑混乱，条理不清……令领导不满，下级不服，客户不屑，亲友反感？不重视讲话，不敢讲话，不会讲话，不但你的个人能力受到质疑，还会堵塞你的上升空间，严重影响到你的个人形象和人生前景。

 问题一　不重讲话：
忽视说话不善言，再有能力也枉然

不敢讲话：

当众讲话就怯场，没人把你当回事

不会讲话：

说话从不用脑子，开口就会招人烦

第二篇　话语权，靠打造，一起走进口才训练营吧

　　没有人不希望自己说出来的话乐于被人所接受，并产生足够的影响力。在成长过程中，很多人也一直在努力模仿、学习这种能力。但是，很多人虽然知道、明白、了解、懂得，却仍无法让自己的语言具有足够的分量。的确，"话语权"并非天生，而是塑造出来的，我们必须先改变心态，然后再进行必要的心理调试和训练，才能掌握具有影响力的说话技巧。

第一课　语言个体性：
打造你的语言风格和个性

语言辅助性：

身体语言影响他人对我们的看法

语言社会性：

场面话、人情话要说得恰到好处

语言技巧性：

说话有技术，才叫会说话

 语言感染性：

培养富有魅力而令人愉悦的不凡谈吐

第三篇　面面俱到，在生活中做个说话有分量的人

言为心声，舌战便是心战，语言能征服世界上最复杂的东西——人心。通过语言，我们影响着听众，甚至主宰听众的判断和决定。语言唤起情绪，也常常是我们影响别人的方式。而借助语言的这种影响力，在社会活动中，进一步融洽人际关系，为彼此共同的生活、工作创造良好的人际环境，想必是每一个人都梦寐以求的。

 处事话语权：
滴水不漏，掌握人际交往主动性

 职场话语权：
言圆语润，说话也是一种工作技能

第三课 谈判话语权：
步步为赢，审时度势灵活应对舌战

第四课 推销话语权：
精心布局，掌握对方心理反客为主

第一篇

为什么你说的话，
在别人那里无足轻重

在不同场合，面对不同的观众，你是不是因为缺乏讲话技巧，导致发言空洞无物，逻辑混乱，条理不清……令领导不满，下级不服，客户不屑，亲友反感？不重视讲话，不敢讲话，不会讲话，不但你的个人能力受到质疑，还会堵塞你的上升空间，严重影响到你的个人形象和人生前景。

问题一　不重讲话：
忽视说话不善言，再有能力也枉然

　　一个人在社会活动中是否具有影响力，很大程度上取决于他说话的水平。有水平的人，总可以流利地表达出自己的意图，也能够把道理讲得很清楚，使别人很乐意接受；没水平的人，不能完全地表达出自己的想法，往往会使对方感到索然无趣，更不能使其信服地接纳。

◎ 语言能力是现代社会核心竞争力

　　在以自然经济为基础的农业社会，社会生产力水平十分低下，交通非常闭塞，人们过着自给自足的生活，相互之间的经济往来很少。那时，人们只要求"书同文"，而不要求"语同音"，更没有提高口语表达能力的需要。

　　当我们从传统的经济和社会结构中走出来之后，一个崭新的商业社会出现在我们的面前。在现代社会里，构成社会的各个要素都处在复杂的联系和不断的流动状态中，如人流、物流、信息流……其中，人是形成这种流动的核心和关键。而人与人之间的联系和交流，必须通过语言才能实现。随着社会的发展，人们对口语表达能力的要求也越来越高。

社会发展到今天，少说话多做事的人在这个世界里注定要被冷落无视。口才是当今时代的核心竞争力，很多人口才不好，许多本应属于他们的美好事物——高薪、升职、事业、爱情……都因为拙嘴笨腮、不善言语而擦肩而过。话语权决定人的生活质量，影响人的一生。

一位曾参加过战争的士兵约翰·艾伦与战斗英雄陶克将军竞选国会议员。从身份、地位、功勋、知名度来说，艾伦明显处于劣势。然而，经过一次竞选演讲，艾伦却扭转战局，取得了最终的胜利。

在那次演讲中，战功赫赫、并曾担任过三届国会议员的陶克将军是这样说的："诸位同胞，17 年前的今天，那个漆黑的夜晚，我曾带着士兵在茶座山与敌人鏖战，那场战斗异常惨烈，我和余部在击退敌人以后筋疲力尽，就那样在丛林里睡着了。"

陶克将军停顿了一下，给听众留下一点时间回味战争的惨烈，然后继续说道："如果你们，没有忘记那场战争的艰难与残酷，没有忘记那场战争的胜利给你们带来了什么，请在选举中，也不要忘记那些吃尽苦头、风餐露宿仍一往无前，屡建奇功的人们。"接着，陶克将军带着民众重温了一遍自己的战绩，想唤起民众对他的充分信任，他的演讲策略很奏效，激起了一片掌声与欢呼。

接下来轮到约翰·艾伦了，他在将军和民众面前不卑不亢，从容不迫地说："同胞们，陶克将军战功卓绝，令人敬仰。而我，当时只是他部队里的一个普通士兵，籍籍无名，倘若当时战死，以身殉国，想必大家今天也不会知道我的名字。那个晚上，我们在将军的指挥下，沥血奋战，最终取得了战斗的胜利。后来，将军和我的战友们都睡着了，我并没有睡，而是笔直地站在荒野上，为他们站岗。"他的话音一落，立即引起了选民们更为热烈的欢呼和掌声。

论资历硬件，艾伦自然比不过陶克将军，但他扬长避短，着意使选民们明白：将军虽然辛苦，但换来的是功勋加身，而且还可以在丛林中安睡；而战士们出生入死无功可论，战斗结束后还要站岗保卫他。对于这一个晚上来说，士兵的"功绩"大于将军。艾伦因此成功博得了民众的同情和认可，最终大家选择了他。

假如你的口才好，可以使别人喜欢你，可以结交生命中的贵人，可以开辟前程，使你获得满意的结果。譬如你是一个律师，好的口才能为你吸引诉讼当事人；你是一个店主，好的口才可以帮助你吸引顾客；你是一个职员，好的口才可以帮你赢得上司和老板的注意……有许多人，因为他们善于辞令，因此而擢升了职位，因此而获得荣誉，获得厚利。

美国著名成功学家、口才学家卡耐基曾经说过，决定一个人能否获得成功，专业知识的作用只有15%，而其余的85%则取决于人际关系。而在人际关系的拓展和维护中，语言能力无疑非常重要。能言善谈、口舌生风、谈笑风生、字字珠玑的人在社会活动中的优势越来越明显。

曾看过一篇报道，北京某集团公司要招聘一名基层管理人员，有一名留学生前来应聘，英语说得非常流利，但国语却说得吞吞吐吐，词不达意。面试官问他国语为什么如此糟糕，他说习惯了说英语，考官心想，一个连话都说不好的人怎么胜任国内的管理工作呢，于是婉言拒绝了这位留学生。

相比之下，小陈的状况就要好的多。

小陈大学毕业以后通过应聘来到深圳一家大型科技公司，听说他们的部门经理是一个性格高傲的人，非常难接近，不好相处。小陈通过同事对经理的个性、喜好有了一个大概的了解，当他和经理一见面，就谦卑又得体的说道："经理，我一进门就有人告诉我，咱们部门的老大做事认真、严谨，对下属要求非常严厉，同时又很有同情心，对新人尤其是外地人要求虽然严，但也格外关照。希望您能够多多鞭笞、监督和指导，希望今后能在您手底下做出一番业绩。"经理点了点头，脸上露出一丝不易察觉的笑容。这以后，经理果然对小陈用心指导，格外关照。

在这样一个注重表现的年代，语言能力也是一种生产力，一个人的发展、成功与他的交际能力好坏有直接关系，而交际的好坏从很大程度上说，又往往是由语言能力所决定的。语言能力在工作沟通、领导团队、管理部属；以及商业谈判、产品销售、技术引进等社会活动中起着至关重要的作用。一位在商场上叱咤风云的企业家就表示："如果有人要拿去我所有的财富而只允许我留下一样东西，那么我选择口才，因为有了它，我用不了多久就可以拥有其他一切财富。"

现代社会需要那种机敏灵活、能言善辩的人，而羞怯拘谨、笨嘴笨舌的人，在现代社会不会成为出类拔萃的人才。有些人很有知识，就是因为缺乏"嘴上功夫"，而得不到人们的欢迎；有些人专业水平很高，工作做得很出色，但表达能力却很差，言谈拘谨慌张、逻辑思维混乱，一讲话就语无伦次，虽然有好的经验、好的见解却说不出来。这种人在现代社会很难吃得开。

西方人对口才十分重视，他们认识到在市场经济和信息社会中，良好的口才是人生追求成功的重要技能。他们也是这样做的，他们常常根据一个人的讲话水平和交际风度来判断其学识、修养和能力。

口才和交际的学问，在美国、西欧和日本等发达国家早已盛行，不论是学校教育，还是成人教育都很重视开设这门课程。

美国著名成功学家戴尔·卡耐基以其毕生的精力教给人们怎样做人处世，走向成功，卓有成效。"卡耐基课程"早已成为心理、口才与交际的成人教育的代名词，美国的卡耐基学院已达 1700 多所。

在我国，提高大众的口才已显示出迫切性。长期以来，有一种偏见，就是不把口才看作是真才实学，认为那只是摇唇鼓舌、耍嘴皮子，或只是夸夸其谈，哗众取宠；或把口才与诡辩联系起来，或片面地认为口才只是讲话的技巧，当然也就更不会把口才和交际能力看作是人生的基本功和必修课。

当今的社会，是一个充满挑战和竞争的社会。作为现代人最重要的能力之一，口才在社会竞争中发挥着越来越重要的作用。良好的口才，是一个现代人必备的素质，是我们提高本领、开发潜力的有力武器，是我们驾驭人生、改造人生、追求事业成功的无价之宝。因此，拥有良好的口才，不但是社会发展的需要，还是现代人自我完善的需要。

◎ 良好的口才强化个人魅力

谈吐中的人格魅力，是指在语言交流中一个人的性格、气质、能力等的个性化表现。人格魅力在语言中的表现形式是多种多样的，或达观开朗、或宽容忍让、或微言大义、或义正辞严、或一言九鼎、或仪态万方。良好的谈吐能够充分展示出这些人格魅力，同时令听者折服。

在欧美国家，政治家的个人魅力和政治前途紧密相连。在选举中，作为候选人，他们不仅要在公开场合把话说得让人信服，而且要在唇枪舌剑中向选民展示自己的个人魅力以及政治才华。美国田纳西大学金融学院教授詹姆斯·史密斯和副教授拉里·法罗通过研究发现，政治家演讲时的表现能够影响其所在州的经济状况——如果州长演讲的内容消极悲观，他所在的州吸引投资能力会减少 2%。玛丽莲·梦露的前夫、美国最伟大的剧作家之一阿瑟·米勒，在其作品《政治和表演艺术》一书也曾写道："形象和表演对于政治非常重要。戴上面具，换上另外一种角色，政治家准备好了用自己的魅力赢得选举。"

美国的总统有不少人都是口才非凡的。林肯相貌不佳，口才却在一定程度上帮他弥补了这种缺憾。他的葛底斯堡演说名垂青史，成为演说家的范本；肯尼迪出言有章，雄辩滔滔，风度翩翩；好口才使克林顿成为仅次于西奥多·罗斯福和约翰·肯尼迪之后的最年轻的美国总统，以及富兰克林·罗斯福之后连任成功的唯一的一位民主党总统，也是受民众肯定最多的总统之一；奥巴马的口才有目共睹，他被认为是富有超强感染力的演说家。

在英国政治家中，语言能力最好的当属丘吉尔，他铿锵有力的话语征服了英国民众的心，鼓舞他们与纳粹斗争到底。他说："我们要保护我们的岛屿，无论代价几何。我们在海滩战斗，在机场战斗，在田地和街巷战斗，在高山上战斗；我们永不投降。"

口才能够弥补人在其他方面的缺陷，能够让别人对你产生信服感，跟着你的节奏走，口才是一个人魅力和力量的主要体现，是我们每个人赖以生存的基本手段。假如你是一个出言不逊，脏话连篇，爱跟别人争辩的人，那么，你将不可能获得别人的同情、合作和助力。

一句话，好口才已经成为现代人才必备的生存素质之一。当然，要想真正拥有好口才也并非易事，尽管我们天天都在说话。生活中，我们进行社会活动，倘若说话的分寸、时机、言辞等掌控得稍有不当，就会引发不必要的麻烦，不仅使自己陷入尴尬，也给别人造成困扰。而要摆脱这种困扰，唯一的途径就是进行有效的口才学习和语言训练，打造你的话语权。

卡梅伦之所以能够成为政治明星，其良好的口才帮了他很大的忙。2005 年，卡梅伦竞选英国保守党领袖，虽然在当时看来，他并不是最有力的竞争者，但他在台上从容不迫的脱稿演说，和富有思想的个人魅力，为他赢得了保守党成员的支持。卡梅伦的演讲获得长达 3 分钟的掌声，最终令他从普通保守党议员成为保守党领袖，一跃成为英国最炙手可热的政治新星。5 年以后，他成为英国首相。

事实上，卡梅伦的好口才也不是天生的，他刚刚步入政界的时候，发展得并不顺利，原因之一就是口才不好，他的演讲总是显得呆板，缺少生气和感染力。卡梅伦心知肚明，想要在政治上更进一步，就必须提升自己的语言能力。他的方法之一就是在英国议会传统项目"首相的问题"（英国首相每周要去下议院回答议员问题）中向首相发问。布莱尔曾在这一环节中做得很好，当卡梅伦任首相时，他被认为比布莱尔做得还好，这也许得益于他此前的经验。

另外，据媒体报道，卡梅伦的妻子也为打造卡梅伦演讲风格出力不少，她给丈夫设计一套演讲策略，这套策略为他征服民众提供了很大的帮助。

事实上，不止那些政治家、企业家、明星等公众人物需要提升语言能力。我们也一样需要着力打造自己的话语权。21 世纪是每个人的世纪，世界从未如此慷慨地将信息共享，把人与人拉得如此之近，快速地创造着一个又一个令人目不暇接的传奇与成功，或是一场选秀，或是一段网上视频，或是一个博客，或是几张照片，或是一场精彩的演讲……因此，可以毫不夸张地说，只要你愿意，你几乎可以从零起步，快速地成就自我。

要想成就自我，你首先需要锻造的就是超强的语言能力，这样才能让自己在最短的时间里有效地影响更多的听众。不管你是经营企业还是经营自我，要想在 21 世纪赢得现在，成就未来，就必须从现在起，用心地打造自己的话语权，不断地磨炼你的口才，这样，成功就离你不会太远。

◎ 说话的水平决定人生的兴衰

小说家亚诺·本奈曾说："日常生活中大部分的摩擦冲突都起因于恼人的声音、语调以及不良的谈吐习惯。"只要我们稍加留意不难发现，表达能力上的缺陷常常导致个人事业的不幸或损及其所在团队的荣誉及利益。一个人的谈吐不好，企业不愿意聘请他工作，下属不愿意听从他的指挥，上司不愿意器重他，别人不愿意与之建立商业关系；一个人的谈吐不好，亦可能导致亲人反目，兄弟结仇，夫妻离异……总之，不良谈吐在很大程度上导致了人生的尴尬与衰败。

某全国性火锅连锁店老总去内蒙视察企业的食品源，晚饭安排在当地的一个为其企业提供羊肉的牧民家。这个牧民老实巴交，30 岁之前穷困潦倒，连媳妇都没娶上，后来在当地政府的帮助下贷款办起了养殖业，因为绿色养殖不掺假、不坑人，得到了一些食品企业的青睐，生活总算有了起色。这其中，那家火锅连锁店是他最大的客户。

老总一行来到牧民家，客气地让牧民先进门，牧民受宠若惊，说："还是您在前面走，我们放羊的，在牲口后面走惯了。"

老总听后一脸尴尬，乡里陪同的领导连忙打圆场，请老总进屋坐定，并吩咐牧民赶紧上菜，牧民端上一盘酱骨头放在老总面前。

老总就爱酱骨头这一口，一边赞不绝口，一边客气地说："味道真好，我们企业与你合作没选错。不过，老乡你做得简单点就行了，不必搞得这么复杂嘛！"

牧民忙说："哪里，哪里，不值几个钱的东西，平时这都是给狗啃的。"

老总放下手中的骨头，脸色立马就沉下来了。乡里领导见状忙递给牧民一块酱骨头，意思是让他多吃少说。牧民却推却说："领导先用，俺不忙，每天这个时间我得先喂狗，然后才吃饭，都习惯了。"

乡里领导急了，喝斥道："你会不会说话？"

牧民哭丧着脸说："俺是放羊的，一生都只会和畜生说话……"

合同到期以后，那家火锅连锁店再没与这个牧民合作过。

会说话的让人笑，不会说话的使人跳。表达方式不同，效果亦会大不相同。我们在日常生活中，说话、办事都要留些心眼，讲些技巧，话说得不好，小则可以招怨，大则可以伤身。我们虽未手执国柄，无需担心因说话的轻重、对错，去担负"兴邦"或是"丧邦"的责任，但我们总不能不顾及"快乐"或是"招怨"这两个与自身利害攸关的大问题吧？

古拉得·力伊帕在《进入别人的内心世界》一书中指出："把别人的感觉和观念与自己的感觉和观念置于相同的位置，并把它表现出来，这样，谈话的气氛就会融洽起来。当你在听别人谈话时，要根据对方的意思来准备自己将要说的话，那样，由于你已理解和认同了他的观点，他也会理解和认同你的观点。"在生活中，如果我们能够站在对方的角度上去思考，依据对方的心理选择说话方式，人生一定会因此大为改观。

拿破仑的妻子约瑟芬曾是博阿尔内子爵夫人，其夫在法国革命中被送上断头台，后经人介绍嫁给了拿破仑。她曾经并不是一个忠贞的女人，当拿破仑在意大利和埃及浴血鏖战时，新婚不久的她却与一个叫夏尔的中尉发生了不正当关系。她原以为拿破仑会战死沙场，并没有等待他回来的打算，就像拿破仑已经死了一样为他准备后事。

拿破仑大胜而归，一时间成了整个欧洲最知名的人物，被法国人誉为"国家的救星"，前程无量。这时她后悔了。她不辞辛苦，坐着马车，长途跋涉，去法国南部的里昂迎接拿破仑。她原想，在拿破仑与家人见面之前，趁着他胜利后的兴奋劲儿没过，蒙骗住他，不使自己的丑事暴露。可是人算不如天算，当她抵达里昂时，拿破仑已经从另一条路走了，并与家人会合。事实上，拿破仑对妻子的不贞早有耳闻，只是半信半疑，如今被家人们言之凿凿地一说，顿时暴跳如雷，下定决心要与约瑟芬离婚。约瑟芬知道大事不妙，连忙星夜兼程赶回巴黎。

拿破仑不允许她进门，她勉强进来了。她忐忑地来到卧室门前，轻轻敲门，拿破仑没有回答；她再次敲门，温柔而哀婉地呼唤拿破仑，拿破仑没有理睬；她痛哭流涕，肝肠寸断，拿破仑无动于衷；她承认错误，惭愧自责，并提起她们之前的海誓山盟以及床笫间的甜言蜜语，说如果他不能宽恕她的话，她就只有一死，拿破仑仍然无动于衷。

约瑟芬一直哭到了深夜，哭干了眼泪，不再哭了，她有些绝望了，她想到了死，想到了孩子，她的眼睛突然一亮。他深知，拿破仑对她的两个孩子奥当丝和欧仁疼爱有加，尤其喜欢欧仁，这是软化拿破仑心肠的好办法，如果孩子们求他，他可能会改变主意。

约瑟芬把孩子们叫来了，他们天真而笨拙地哀求拿破仑："不要抛弃我们的母亲，她会死的！还有我们，我们该怎么办呢？"拿破仑的心也是肉长的，约瑟芬这招果然奏效，拿破仑虽然仍然对妻子的背叛心怀芥蒂，然而在她和孩子们的苦苦哀求声中心软了下来，他想起了他们曾经相爱的时光，想起了和孩子们一起的快乐回忆，他已然热泪盈眶。于是，房门打开了，拿破仑对约瑟芬既往不咎。后来，拿破仑登基成了法兰西第一帝国的皇帝，约瑟芬成了皇后，荣耀之至。

聪明人总能在关键时刻，采取关键的策略说出关键的话，这往往是他们脱离困境反败为胜的原因。

生活中我们常遇到这样的事：同样的一件事，只因说法不同，便裁定了不同的命运。会说者巧言妙语，仅凭三寸不烂之舌，便能使自己脱离危难；不会说者口笨言拙，触犯了忌讳或许还不知道自己错在何处呢。还有些时候，明明就是事实，可如果你直言莽撞，就会让人反感，令彼此不欢而散，乃至反目成仇。总而言之，如果我们不重视说话，说话时不带着脑子，往往会使事情越办越糟。

正所谓"成也说话，败也说话"。言谈不是简简单单地"话从口出"，它是一门技术，更是一门艺术。在纷扰复杂的现实社会中，领悟语言的真谛，打造自己的话语权，于我们而言，显然是势在必行的。

◎ 机遇往往更青睐口才好的人

马文华是一个十分谨慎的人，这种性格也确实符合他所从事的科研工作。他在工作中很少出错，态度又勤奋认真，每年都能为研究所搞出两项科研成果。所长非常欣赏他的工作态度和能力，有意提拔她为项目负责人。

可是，每一次所长把自己的意思告诉马文华时，他总是客气地说：

"我还没到那个层次，我真的不行，您就别为难我了。"有过两三次以后，所长再也不找马文华谈话了，把另一个能力不如马文华的研究员提拔为项目负责人。

人没有不想往高处走的，马文华也不是不想当项目负责人，然而，他不懂得怎样用恰如其分的语言把握住机会，结果机会与她擦肩而过。

要想取得事业的成功，良好的谈吐是必不可少的一种资本。当今社会是一个充满竞争与合作的信息化社会，良好的谈吐是直接关系个人事业成败的重要因素。生活中有"一言既出，驷马难追"之说，工作场合有"一语定乾坤"之说，生意场上有"金玉良言，利益攸关"之说。可见，在现代社会中，是否能说，是否会说，关系着一个人事业的成败。

美国资产阶级革命时期著名的政治家、外交家富兰克林说过："说话和事业的进步有很大的关系。"在富兰克林的自传中，有这样一段话：我在约束我自己的时候，曾经参照过一张美德检查表。当初那表上只列着12种美德，后来，有一个朋友告诉我，说我有些骄傲，这种骄傲，常在谈话中表现出来，使人觉得盛气凌人。于是我立刻注意这位友人给我的忠告，我相信这样足以影响我的前途，然后我在表上特别列上虚心一项，我决定竭力避免一切直接触犯别人感情的话，甚至禁止自己使用一切确定的词句，像"当然""一定""不消说"……而以"也许""我想""仿佛"……来代替。富兰克林又说："说话和事业的进行，有很大的关系，你如出言不慎，你如跟别人争辩，那么，你将不可能获得别人的同情、别人的合作、别人的助力。"这是千真万确的，一个人事业的成败，常会在一次谈话中获得效果。所以，想获得事业上的成功，你必须具有能够应付一切的高超的说话水平。

美国人类行为科学研究者汤姆士指出："成名是说话能力的结晶。说话能力能使人显赫，鹤立鸡群；能言善辩的人，往往受人尊敬、爱戴和拥护。它使一个人的才学充分扩展，熠熠生辉，事半功倍，业绩卓著。"他甚至断言："发生在成功人物身上的奇迹，一半是由口才创造的。"

中央电视台"东方时空"曾经做过一个"杨利伟怎样成为我国进入太空第一人"的节目，被采访的航天局领导说了杨利伟入选的三个原因：一是杨利伟在五年多的集训期间，训练成绩一直名列前茅；二是杨利伟处理突发事件的能力特别强，在担任歼击机飞行员时，多次化解飞行险情；三是杨利伟的心理素质好，口头表达能力强，说话有条理、有分寸。就是凭借着以上三个优势，杨利伟最终通过了"1600人——300人——14人——3人"的淘汰考验。

航天局领导还透露了这样一个细节：最后确定了三个人为首飞候选人。实际上，三个人各方面都十分优秀，难分高下，但考虑到作为我国第一个进入太空的宇航员，将要面对全世界的瞩目、接受新闻媒体的采访，还将进行巡回演讲，所以最后决定让口才好的杨利伟进行首飞。

可见，是良好的谈吐使杨利伟成为中国进入太空的第一人！节目中还介绍：杨利伟认为航天无小事，所以不管做什么事情，都尽自己的最大努力做好。学技术、学政治是如此，训练后的总结会、训练小结也是如此。在总结会上，杨利伟总是准备充分、积极发言，发言条理清晰、逻辑性强，从容不迫，给领导留下了深刻的印象。所以，当口头表达能力作为选择的一个重要条件时，命运的天平就偏向了拥有良好谈吐的杨利伟。

拥有良好的谈吐的人，无论走到哪里都会受到重视，比一般人拥有更多、更好的发展机会。一个人必须懂得如何探寻事物、如何说明事理以及如何尽心说服性言谈，才能获得他人的支持。律师出身的美国参议员、美国著名的演说家戴普曾经说过："世界上再没有什么比令人心悦诚服的交谈能力更能迅速地获得成功与别人的钦佩了。这种能力，容易赢得合作。"

一个会说话的人，总可以流利地表达出自己的意图，也能够把道理说得很清楚、动听，使别人很乐意地接受。有时候还可以立刻从问答中测定对方言语的意图，并从对方的谈话中得到启示，增加自己对于对方的了解，跟对方建立良好的友谊。不会说话的人，不能完全地表达出自己的意图，往往会使对方费神去听，而又不能使他信服地接受。

美国化验学家路易斯在一篇论文中首次提出了"共价键"的电子理论。这个理论对于有机化学的发展具有重大意义。可是这一理论发表后，在美国化学界并未引起应有的反响。其中一个重要的原因便是路易斯不善言谈，没有公开发表演说，以宣传自己的见解。

三年以后，美国另一个著名化学家朗缪尔发现了路易斯见解的可贵。于是，朗缪尔一方面在有影响的美国化学学会会志等刊物上发表多篇论文，阐述和发展路易斯的理论，同时，又多次在国内外的学术会议上发表演讲，大力宣传"共价键"。由于朗缪尔能言善辩，对"共价键"做了大量宣传解释工作，才使得这一理论被美国化学界承认和接受。一时间，美国化学界纷纷议论朗缪尔的"共价键"，而把这理论的首创者路易斯的名字几乎忘却了，有人甚至把它称作朗缪尔理论。

谈吐与事业的关系非常密切。良好的谈吐是胜任本职工作最重要的条件之一。说话水平高的人，更能将自己的才干通过语言充分地显露出来，从而脱颖而出，走向事业上的成功和辉煌。而很多人之所以在事业上遇到障碍，是因为他们的表达不够流畅，不能将自己的内在美和真才实学完全地展示出来。

◎ 加入智慧的语言能够征服人心

　　语言的力量能够征服世界上最复杂的东西——人的心灵。拥有良好谈吐的人，不仅能够更好地跟他人进行沟通和交流，还能用恰到好处的语言打动和征服他人的心灵，达到自己说话的目的。

　　说到这里，倒想问大家一个问题——人最宝贵的是什么？或许，每个人都有自己的看法，有人认为是生命；有人认为是爱情；有人认为是人格；有人则认为是尊严……但可以肯定的是，在此之中，"惜命"的人一定会占据绝对比例。说得俗气一点就是，命都没了，其他的不都是浮云吗？

　　再问大家一个问题，如果有人要你去"送死"，你会答应吗？答案很明显，排除极个别的情况，正常人都不会这样犯傻。反过来，如果要你说服别人去"送死"，你认为自己能够做到吗？相信答案依然是否定的——这简直比登天还难！但事实上，有人真的仅凭一席话，就能令人心甘情愿地去"送死"。

　　二战期间，美国因参战亟需增加兵力，但多数美国青年惯于安逸，担心性命有失，拒绝响应政府号召。为此，俄亥俄州地方行政长官已被参谋长联席会议主席当众痛训了五次。

　　他为自己辩解说："我已经想尽一切办法，说得口干舌燥，但那些懦弱的青年就是不肯应征！"正当他焦头烂额之际，有人向他介绍了一位出色的心理学家。

这位心理学家略做准备，便信心十足地来到募兵现场。他先是沉默了5 分钟，然后用浑厚的男中音对台下嘈杂的青年说道：

"亲爱的孩子们，我与你们一样，非常珍惜自己的生命。"

青年们见他颇有学者之风，说话又中肯，便逐渐安静下来。

"是的，热爱生命是无罪的，因为，我们每个人只有一次生命。凭良心说，我同样反对战争、害怕死亡，如果要我去前线，我也会与大家一样，希望能够逃避这项命令。但是，我也存在另外一种侥幸心理——假如我服兵役，可能只有一半的概率会上前线作战，因为也有可能会留在后方；即使上了前线，我作战的可能性同样也只有一半，因为或许我会成为某长官的左右手而留在安全地区；万一我不幸必须扛起枪，受伤的可能性仍然只有一半；即使不幸挂彩，如只有轻伤也不致受到死神的召唤，因此，我实在没有担忧的理由；如果是重伤，或许在医生的帮助下我依然能够保住性命；就算真的运气不好，我不幸为国捐躯，亲人和朋友也将替我感到骄傲，我的父母不但会受颁一枚最高勋章，还可得到一笔数量可观的抚恤金和保险金，邻居小孩子们会以我为英雄，把我当成偶像来崇拜。而我，一位伟大的战士也会进入天堂，来到慈祥的天父身边，说不定还会见到万人敬仰的华盛顿将军。"

心理学家话音一落，原本安静的募兵现场又嘈杂起来，青年们纷纷表示愿意赌上一把，他们或许是想名垂千古，或许是家境不好，想着万一出事还可以给家人留下一笔巨额抚恤金……

你看，仅凭这一席话，心理学家便攻下了青年们心中的壁垒。他就如同一位催眠高手，先是卸下青年们的防御心理，然后利用他们潜意识中的心理需求，将其逐步引入了自己设下的圈套。

在现实生活中，人们要交流信息，沟通思想，就必须拥有语言交流能力，不善言谈的人是很难让人了解其价值的。语言的力量能征服人心。通过口才的交流与沟通，陌生人可熟识起来，人与人之间的隔阂可以消失，甚至单位之间、社会集团之间、国家之间的矛盾有时也可以通过它得到解决。

在交谈中，拥有良好谈吐的人，能够将意思更有效地表达出来，从而更容易说服他人并获得他人的支持。

苹果公司（APPLE）是一家赫赫有名的个人电脑公司。1977 年，当时的世界第二大计算机公司——数字设备公司的创建人和首席执行官奥尔森曾说，没有一个人在家里需要计算机。但就在那一年，史蒂夫·乔布斯（Steve Jobs）意识到个人电脑将是一个极具潜力的事业，他和沃兹尼亚克共同创建了"苹果电脑公司"。他们推出了配有鼠标的 Macintosh 个人电脑，他虽然认识到个人电脑将会具有广泛的市场，而且下定决心要做个人电脑出售给需求巨大的用户，但他没有钱，怎么办？

乔布斯不愧是一个演说天才。他凭借他的高超的说服能力说服一部分顾客先付钱定购电脑，利用这些资金购买设备；随后又说服了多位供应商先免费提供生产个人电脑的原材料，等到电脑售出之后再付款。此后，他就开始生产第一台 Apple 个人计算机了。经过他的巧妙经营，很快，苹果公司的规模迅速扩大。一个白手起家的创业者自此走上了成功之路。苹果电脑在 20 世纪 80 年代初期风靡美国和世界市场，最兴盛时占据美国电脑市场 8% 的市场。

这就是语言的魅力所在！加入智慧的语言如同甘醇的老酒，香气四溢，令人回味无穷。掌握说话的技巧，能使我们轻易地操纵对方的情感，使其轻易就范。

良好的谈吐能够征服人心。如果你想在滚滚人流中活得轻松潇洒，一定要对语言的力量给予足够的重视，否则就会淹没于人海中，饱尝辛酸。

那么，大家不妨回想一下，你所说的话是不是大多都能令人心悦诚服？你在与人的辩论中，是否多能占据主动呢？如果距此相去甚远，那你一定要加紧"修炼"了，因为你的成就如何，很大程度上取决于你是否会说话。

◎ 不重讲话的人不会有好的社会关系

嘴甜的人总是讨人喜欢的，一样的话，在他们嘴里，就是沁人心脾的蜜，而在那些不会说话的人嘴里，就是一把伤人的刀。

一位先生十分痛苦地用手捂着牙痛的部位，询问药店营业员是否有治疗牙疼的速效药。营业员找出一种药后告诉对方，这是癌症和术后患者止疼的特效药，还一再强调治疗癌症效果很好。那位先生听后勃然大怒："你是怎么说话的？我是牙痛，不是癌症，你向我推荐这种药，是在诅咒我吗？"说完，他愤然离开了药店。

不重视说话的人常不带着脑子说话，往往得罪了人还不自知。在社交场合，语言是最简便、快捷、廉价的传递信息手段。一个说话得体、有礼貌的人总是受欢迎的。相反，一个说话张狂无理的人总是受人鄙视的。一个善于讲话的人，通过出色的语言表达，可以使人对他产生好感，可以与他人友好相处。而一个不善于表达的人，往往会因自己与他人的沟通得不到改善而成为一个孤独的人。

李然和周军是一对好朋友，两人经常在一起玩，互相之间说话也没什么顾忌，还经常开一些别人看来是"不正经"的玩笑。有一次，两人都应邀参加一位老同学的婚礼。李然一看见周军，又想逗乐了，说：

"老兄，你怎么不把小蜜带来呢？"

周军见场上人这么多，怕影响不好，又不想开玩笑，支支吾吾地说："你这是什么话，我哪有什么小蜜？"

李然哈哈笑道："我跟你是什么关系，你那点事还能瞒得过我？"

"你瞎编什么呀，我对我老婆忠心耿耿，怎么会找小蜜呢？"

"得了吧，背地里卿卿我我，潇洒得很，一到了人跟前，就这么不爽快，连承认都不敢。"

周军不敢应战，找个借口溜到一边去了。没想到，这事还没完，因为当时认识周军的人很多，听了李然的话，都以为周军真的找了个情人，免不了有一番传说。一来二去，传到周军的妻子秦香耳里，秦香可不干了，要找周军算账。结果，两人打闹了大半年才把这个问题闹清楚。

像李然这样不顾场合地乱说话，不但破坏了他人的家庭和睦，而且会使自己在社交中步履维艰。

社交是一个很大的舞台，在这个舞台上，你怎样才能挥洒自如、灵活应对呢？其中，一个不可忽视的也是最重要的条件，就是说话。在社交过程中，你该怎样开启你的嘴巴呢？

（1）应先了解对方的一些工作情况和生活状况

在应酬当中，不同的人的思维方式迥然不同，他有他的想法，你有你的观点，交谈能否融洽则在于你话题的选择。假如你不了解他的情况，自己只顾一味地夸夸其谈，他肯定没有兴趣同你交谈；假如你知道他现在想要知道的，迫切需要了解的话题，同他促膝长谈，他肯定会津津有味地倾听你的述说的。

（2）要常常保持中立，保持客观

按照经验，一个态度中立的人，常常可以争取更多的朋友。对事物要有衡量其种种价值的尺度，不要顽固地坚持某一个看法；如果有必要对事情保守秘密时，一个人不能保守秘密，会在很多事情上都出现过失。不要说得太多，想办法让别人来说。如要对人亲切、关心，应竭力去了解别人的背景和动机。

如果在交谈当中，不顾对方的心理变化，而一味地去将想法统统搬出来，那么，你是得不到他的认同的。一厢情愿地谈话往往会让对方厌恶。

不该说话的时候说了，是犯了急躁的毛病；该说话的时候却没有说，从而失掉了说话的时机；不看对方的态度便贸然开口，叫作闭着眼睛说瞎话。

在交谈过程中，双方的心理活动是呈渐变状态的，这就要求我们在和人交谈中应该兼顾对方的心理活动，使谈话的内容和听者的心境变化相适应并同步进行，这样才能让交谈的意图明朗化，引起共鸣。

（3）应该清楚对方的身份和性格特征

性格外向的人易于"喜怒形于色"，和他可以侃侃而谈；性格内向的人多半沉默寡言，对他则应注意委婉地循循善诱。不设身处地地替别人着想，只一味夸夸其谈，其结果必然是失掉了一个交谈对象。

社交场合的交谈不仅是门技术，更是一门艺术。灵活巧妙的语言能够帮助你顺利地打开人际交往的新局面。掌握了以上的交谈技巧，并将其成功地运用在社交场合，你便可以在社交中游刃有余。

◎ 好谈吐能够把坏事情变成好事情

这是一个讲究人际沟通的时代，这是一个靠口才赢得人脉的时代。在当今社会中，事业的成功离不开口才，人脉的兴旺同样需要好口才。拥有好口才，就能赢得人脉，获得好人缘。

有一次余小姐和几个同事一起去参加省里的业务考试，当她走进考场时，只见余小姐的桌子上有三个大钉子分布成三角形排列在桌面上，且冒出很高。如果不注意，这不仅会刮衣服，同时也会影响答题的速度。余小姐一脸怒气地要求监考老师换桌子，可监考老师说："现在不能换，别违反考场纪律！"余小姐气得柳眉倒竖，连说，"真倒霉，不考了。"这时一位同事见了忙打圆场说："有几个钉子算什么！"余小姐说："你说得轻松，这可是三个钉子，躲都躲不过去呢！"这位同事说："你太幸运了，我还求之不得呢！"余小姐说："你别拿我开心了，这么倒霉的事要让你碰上，你还能说幸运？"这位同事说，"你知道这三颗钉子说明了什么吗？这叫板上钉钉！说明你今天的三科考试铁定了都能过关。"余小姐听后马上转怒为喜："借你的吉言，我今天要是三科都及格了请你去吃麦当劳。"结果一个月后公布成绩，余小姐果然三科都顺利过关。

这位同事真是个会说话的人，他巧妙地把人们常说的"板上钉钉"与三科考试联系在一起，这样一来不仅平息了余小姐的怒气，还给了她积极的联想，使她在愉快的心境下参加考试并顺利通过。试想一下，假如你就是余小姐，你会不喜欢这位同事吗？这样会说话、会用巧妙的语言宽慰、鼓励他人的人，不论走到哪里都会受到别人的欢迎。

人与人之间进行思想交流和感情交流，最直接、最方便的途径就是语言。通过出色的语言表达，可以使相互熟知的人感情更深，可以使陌生的人产生好感、发展友谊；可以使有分歧的人相互理解、化解矛盾；也可以使相互仇视的人化干戈为玉帛。

杨晓燕在一家服装店里买了一套黑色职业装，结果这套衣服上衣褪色，染黑了她的衬衫领子。杨晓燕找到当时为她服务的导购，说明情况。不料，不等她说完，那个导购就打断了她，说："这款服装我们每天都能卖出几套，你是第一位找上门来抱怨衣服质量不好的人。"言外之意似乎是——你在撒谎，想诬赖我们。这下杨晓燕可气坏了，和她争执起来，这时又有一个导购走了过来，插言道："那没办法，这种价位的衣服，就是这个样子，这是染料的问题。"杨晓燕差点儿气吐血。第一个导购质疑她的人品，第二个暗示她买廉价服装。她怒不可遏，呵斥道："我不需要你们退换，把你们的劣质衣服收下，随便扔到什么地方，见鬼去吧。"正在这时，服装店的女老板来了。她的做法改变了杨晓燕的看法，使一个被激怒的顾客变成了满意的顾客，那仅仅是几句话的事。

"美女对不起，您的衣领确实是因为衣服褪色而染脏的，作为服装店，我们不应当出售令顾客不满意的商品，对此我们感到非常抱歉。你想怎样处理，我一定照办。"

就在几分钟前，杨晓燕还准备去消协投诉她们，可现在她回答说："我想听听您的意见。我想知道，这套衣服以后还会继续褪色吗？是不是有什么办法可以解决这个问题。"女老板建议说："您洗衣服的时候放入一些盐，然后您再穿一个星期，如果还不能满意，我们一定给您退掉。"

杨晓燕满意地离开了服装店。她按老板的建议去做，衣服果然不再褪色了。此后，她常常光顾这家服装店，毫无疑问，她已经相信并认可了那位女老板。

日常的许多无谓的事情，往往容易引起争辩，然而这种争辩很容易使个人的形象受损。我们知道要用争辩压倒对方是不可能的，即使对方暂时表示屈服了，但肯定不是心悦诚服。好争辩的人，会损害别人的自尊心，因而使别人对你产生反感情绪，还容易习惯性地挑别人的缺点和不足，忽视自身修养，更会变得骄傲自大、自以为是，还将失去很多朋友。说话时注意维护他人的自尊心，选择合适的话说，可以使你变成受人欢迎的人。

拥有良好谈吐的人，到处受人欢迎。他们能使许多素不相识的人携起手来，成为朋友；他们能够为人们排忧解难，消除疑虑和误会；他们能够安慰愁苦烦闷的心灵，勇敢地面对现实；他们能够鼓励悲观厌世的人，微笑着迎接生活。会说话的人，言谈风趣幽默，旁征博引，滔滔不绝，谁听了都会觉得舒服。因此，要想拥有好人缘，你应该首先锤炼自己的口才。

◎ "话语权"来自于平时的积累

许多人以为口才只是口上之才，他们以为口才好的人，只是因为他们的口齿伶俐，这种看法是片面的、肤浅的。固然，口才的能力有赖于相当的训练，但口才的实际基础是建立在他们善于思考、善于观察、兴趣广泛、常识丰富，以及强烈的同情心和责任心之上的。没有上述所列举的基础，光是口齿伶俐，也不能成为一个口才好的人。俗话说：巧妇难为无米之炊。

追本溯源，一个口才好的人，必然经常在观察和思考上面下工夫。他们不断扩充自己的兴趣，积累自己的知识，培养自己的同情心和责任心。他们谈话的题材源泉是非常充实的，那你呢？是不是每天看报纸？你看报纸的时候，是不是只看看副刊上的小说消遣而已？是不是同时也很注意重要的国际及本地新闻呢？是不是很留心地去选择节目？是不是随便听听就算了呢？你是不是选择有意义的、精彩的电影和戏剧？是不是看戏时集中精神地去欣赏它们，而不是坐在戏院里打瞌睡？

著名剧作家曹禺曾说，哪一天我们对语言着了魔，那才算是进了大门，以后才有可能登堂入室，成为语言方面的富翁。那么，我们应该怎样来具体学习、锤炼语言呢？下面介绍几种可行、有效的方法。

（1）深入生活

生活是语言最丰富的源泉。要使自己的语言丰富起来，一个闭门造车、与外面世界无接触的人，是很难如愿的。老舍曾说："从生活中找语言，语言就有了根。"这话含有很深刻的道理。

俄国伟大的批判现实主义作家托尔斯泰称赞人民是语言的"大家"。语言的天才，的确存在于人民群众之中。比如我们讲话常用程度副词——"特"，如"特棒"、"特靓"、"特正"、"特红"、"特香"、"特佳"……数不胜数。通常，广大群众所使用的生活用语更是数量惊人，丰富多彩，活泼动人，这一切也都是我们平时要注意的。

（2）扩大知识面

知识贫乏是造成语言贫乏，特别是词汇贫乏的一个重要原因。如果《红楼梦》的作者曹雪芹没有相应的词汇来描写贾府上上下下的规矩、内内外外的礼教，王熙凤的泼辣、干练、狠毒性格就肯定难以惟妙惟肖；如果《水浒》作者不懂得江湖勾当，不懂开茶坊的拉线、收小、说风情，及趁火打劫的种种口诀，他就不可能把那个成了精的王大娘刻画得绘声绘色。如今，人们都喜欢用"爆炸"这个词来形容某一方面的快速增长，比如：信息爆炸、知识爆炸、人口爆炸等。改革开放这些年来，新词语铺天盖地而至，令人目不暇接，大有"爆炸"之势。语言学研究工作者李宇明先生在其《改革开放大潮下语言大变幻》一文中，信手举了如下许多例子：

交通：巴士、的士、打的、面的；

通讯：邮政专递、大哥大；

商贸：跳蚤市场、人才市场、信息市场、星期天夜市、皮包公司、倒爷；

服装：牛仔服、文化衫、蝙蝠衫、休闲衫、迷你裙、三点式、时装表演；

娱乐：迪斯科、霹雳舞、贴面舞、卡拉 OK、摇滚乐、镭射电影、闭路电视；

教育：电大、夜大、函大、委培、五大生、自费生、博士后、无围墙大学、文凭热、流失生、希望工程；

其他：特区、三资企业、第二职业、炒鱿鱼、停薪留职、打工仔、外来妹、桑拿浴、应召女郎、修长城、电脑红娘……

甚至还有一些特别能生成词语的格式，如："××迷""××热""××王""迷你××"等，利用这些格式可以生成一大批词语。这些词语或者从国外引进，或者是时尚的创造，或者是旧词的复活。有些词语，如 AA 制、B 超、BB 机、T 恤衫、卡拉 OK，汉字与洋文夹杂，就是词典专家也被它们弄得不知所措，不知道该怎么把它们放在词典中排序。

词语是社会生活最敏感的反应器，新词爆炸反映了新生事物的层出不穷，反映了当今社会在改革大潮中的迅猛发展，反映了我们当今生活在开放洪流中的日新月异，我们对这些新的词语应及时掌握，学会运用。

（3）阅读名著

"熟读唐诗三百首，不会作诗自会吟"的经验之谈，是大家所熟悉的，它告诉人们要学习口头语，提高说话的技巧，就应多读名著。"穷书万卷常暗诵"，吟咏其中，则可心领神会，产生强烈的兴味。摸熟语言的精微之处，则会唤起灵敏的感觉；熟悉名篇佳作的精彩妙笔，则会获得丰富的词汇，自己演说和讲话时，优美的语言亦会不召自来，这并非天方夜谭之事。只要我们潜心苦读，勤记善想，揣摩寻味，持之以恒，就能尝到醇香厚味，如果反复地用，不断地学，久而久之就可以像郭沫若所说的那样："于无法之中求得法，有法之后求其他"了。

问题二 不敢讲话：
当众讲话就怯场，没人把你当回事

对于成年人来说，讲话似乎不成问题，可是当众讲话却令许多人伤脑筋。对此，大卫·奥门博士开了一个处方，他说这个处方里的药"药房里抓不到，每个人得自己配"。他的处方是："学习在大众面前清晰地表达自己的思想和观念。在你通过不断努力而获得进步时，你会发现：你——真正的你，正在人们心目中塑造一种前所未有的印象，产生前所未有的冲击。"

◎ 当众讲话，其实并不可怕

当你一个人独处的时候，头脑对事物的思考是非常井然有序、层次清楚的，可是一旦面对观众，脑中却变得一片空白，或当你想在众人前说些什么，却一直发抖而无法开口。其实，这些都是可以改善的，只要你具有当众说话的勇气和信心，你就可以战胜你的恐惧，就会变得不怯场，成为一个自信的人。

在目前这个社会上，有很多人讨厌当众说话，甚至还有很多人抱有一定的恐惧感。如果你这个缺点还未克服，那么，不管是在与人交谈方面或是在个人的成长点上，都无法进行得很顺利。希望能在人前快乐地畅谈而又有自信的人，大部分都不愿花钱和时间去学习什么演讲理论、发音法，或是什么模仿姿势。

爱默生曾说过："恐惧较之世上任何事物更能击溃人类。"这句话是相当有道理的。也正是因为如此，掌握演讲与谈判技巧的最好方法之一，就是将恐惧与自卑消除掉。而在这个过程中，在公共场合练习说话是天然的一种方法，它不仅可以克服不安，而且对建立勇气和自信会有很大的帮助，因为当众说话可以使人们控制住自己的恐惧。

很多人不习惯当众说话，是他们害怕当众说话的主要原因。罗宾生教授曾说："恐惧皆衍生于无知和不确定。"这话说得很有道理。因为对于大多数初登讲台的人来说，当众说话是一个未知数，对于当众演讲，他们并不了解是怎么一回事，就不免心里感到焦虑和恐惧。对于他们而言，那是一连串复杂而陌生的情境，比学打网球或学开汽车还要感到复杂，要使这种可怕的情境变得单纯而轻松，就只有通过坚持不懈地练习。

实际上，一个人，他只要是通过练习获得演说成功，那么当众说话就会变得不再是一种痛苦，而是一种享受了。

其实，在现实生活中，我们克服说话恐惧心理的方法有很多。譬如：自我暗示法。往台上走时，在心中对自己说："我很棒，讲话算什么，我能行！"这样多重复几次。还有就是主动交流法。主动与台下的听众交流，互动起来，语气恢复到正常说话的状态，不拿腔拿调，时不时地以提问的方式请听众参与。这样心情就会放松，同时也会引起台下的共鸣。

要真正克服当众讲话的恐惧心理，建议从以下几个方面着手：

（1）培养勇气与自信

能够站立在众人面前，从容不迫地娓娓而谈，这将使你前途无量。

与他人进行有效地交谈，并且赢得他们的合作，这是那些往上爬的人们应该努力培养的一种能力。

要想让自己获得一种自信、勇气与能力，以便在你当着众人发表谈话时能够冷静而清晰地思考，这是任何人都可以发掘的潜能，只要他有这样做的充分欲望就可以。

当众演说的训练，是铺设一条通往自信的大道，一旦发现自己能够当众起立，伶牙俐齿、头头是道地对着人群说话，在你与他人交谈时，必然就更具信心和勇气。

（2）充分准备带给你信心

害怕当众说话的主要原因，只是你不习惯于当众说话。

你应该想得到当你面对很多人说话，出现一定程度的恐惧是很自然的。但是你应当学会将自己的恐惧限定在一定范围内，使之产生的负面影响最小，然后尽力去征服它。

假如你令人感觉很勇敢，那你就表现得好像很勇敢。运用一切意志，去实现那个目标，勇气就可能会取代恐惧感。

克服当众说话的恐惧，对于我们做任何事情都会有极大的潜移默化的功效。

（3）有效说话的技巧

诉说生命启示的演说者永远都会受到听众的欢迎。

准备只是在自己的脑海及心灵里深掘，将生命贮藏在那里的重要东西提取出来。

谈自己最熟悉的事情，才能热衷于自己的题材，快速、轻易地学会当众说话。

要想有效说话，首先要克服恐惧心理，培养自信心，做好说话前的周全准备。同时，还要赋予语言以生命力，"生命力、热情、活力"是有效说话所首要具备的条件。这样便能有效地打动对方的心扉。

◎ 你可以从容不迫地侃侃而谈

集中全力，时刻不忘自信与谈笑风生的说话能力对你的重要性。只要你想做好，你就能做好。只有这样，你才会真正地期盼所做的事情，而不会枉费心思地胡思乱想许多不相干的杂事。

萨特先生曾说，他所掌握的当众说话的技巧带给他莫大的快乐，这也正是他之所以能取得成功的原因。

国家现金注册公司理事会会长，联合国教科文组织主席艾林在《演讲季刊》中写了一篇题为《演讲与领导在事业上的关系》的文章。他在文中指出，在从事商业这行的历史中，有不少人是借着讲坛上的杰出表现而蒙受器重的。许多年以前，有位青年，当时是堪萨斯州一处小小分行的主管，去做了一场十分精彩的演讲之后，成为了公司的副总裁。而现在他已是当今国家现金注册公司的总裁。

能从容不迫地站起来面对听众侃侃而谈，会使人的前途无可限量。美国汉弗公司的总裁亨利·伯莱斯通认为："和人们进行有效的交谈，并赢得的合作，是每一个正在努力追求上进的人所必须具备的一种能力。"

想一想，当你充满了自信地站起来与听众共同分享自己的思想和感受时，是多么满足和舒畅。其实，用语言的力量影响全场听众的那种愉悦感，是其他任何事物都难以比拟的。它能带给人们一种力量和强劲感。有人曾经这样说过，发表演讲的最初两分钟即使挨鞭子也无法开口，但到临结束前的两分钟，宁可吃枪子儿也不愿意停下来。

现在就请闭上眼睛想象一下：面对着很多的听众，充满自信地迈步走上讲台，听听你开场后全场的鸦雀无声，感觉一下你深入浅出、一语中的对听众的全神贯注，感受你离开讲台时掌声的热烈与温馨，并微笑着接受大家对你的赞赏。

学习有效面对人群讲话，其好处不仅仅是可以做正式的公开演讲。事实上，即使一个人一辈子都不需要正式的公开演讲，但接受这种训练的好处仍然是多方面的。例如，当众演讲的训练，是帮助人们培养自信的方法。

大西洋城的外科医师兼美国医药学会的前会长大卫·澳莫博士，曾为当众演讲的好处，开列了如下处方：

为了能够让别人走进你的脑海和心灵，一定要培养一种能力。试着面对单独的人或者在众多人面前清晰地表达自己的思想和理念。当你通过这样的努力而不断进步时，便会发现：自己正在塑造一种崭新的形象，这种形象会让周围的人大吃一惊。从这个处方中，你会得到双倍的好处。当你开始对人讲话时，你的自信心也会随之增强，而性格也会越来越温柔和美好，这将意味着你的情绪已渐入佳境。既然情绪已渐入佳境，身体自然也会跟着好起来。在这样一个竞争如此激烈的年代，无论男女老少，都需要当众讲话。他十分清楚它给健康带来的好处。只要有机会便对几个人或更多的人说话，这样就会越说越好，同时也会感到神清气爽，感觉自己完整无缺。这些都是训练之前体味不到的。这是一种畅快、美妙的感觉，没有任何药物能给你这样的感觉。

集中全力，时刻不忘自信与谈笑风生的说话能力对你有多重要：想想因此而结交朋友，在社交上对你的重要性；想想自己服务人群、社会、教堂的能力将会大增；想想它在你事业上所会造成的影响。简言之，它为你未来的领袖地位而铺路。

哈佛大学最杰出的心理学教授威廉·詹姆斯曾写过6句话，这6句话很可能对你的一生产生深远的影响。这6句话是阿里巴巴勇敢的开门口诀："几乎不论任何课程，只要你对它满怀热忱，就可确保无事。假如你对某项结果足够关心，你自然一定会达成。如果你希望做好，你就会做好。假若期望致富，你便会致富。若是你想博学，你就会博学。只有那样，你才会真正地期盼这些事情，心无旁骛地一心盼想，而不会费许多心神再去胡思乱想许多不相干的杂事。"

因此，想象自己成功地做着目前自己所害怕做的，全心全意地想着自己能够当众说话，并获得接纳时会有怎样的利益。牢记威廉·詹姆斯的话："倘使你对某项结果足够关心，你自然一定会成功。"

◎ 决心是克服说话胆怯的关键

无论任何人，如果他希望迎接语言的挑战，使自己能言简意赅地讲话，就必须具备坚强的决心。

无论做什么事情，要获得成功，必须要有坚定不移的决心，当众说话当然也不例外。无论它对于你来说有多大的难度，你都应该积极地去设想："有志者事竟成。"你一定要对自己在听众面前说话的努力成果保持轻松乐观的看法。你一定要把决心印记在每个句子，甚至每个词语上，落实在行动上，竭尽全力地来培养这种能力。无论任何人，如果你希望迎接语言的挑战，使自己能言简意赅地讲话，就必须具备坚强的决心。

在美国商界，有一位传奇人物。他在读大学时，有一次老师规定 5 分钟演讲，可他还没讲到一半，就脸色发白，匆匆走下讲台。这是他人生中的第一次公开演讲，结果失败了。但他不甘心被这次失败击倒，于是立下决心，一定要做一位优秀的演讲家。他没有失言，最终他成为了美国政府的经济顾问，为世人所敬仰，他就是克劳莱斯·毕拉德。毕拉德的故事说明，演讲成功的关键是要有成功的决心。

约翰·哈佛斯狄是美国西部一个口才培训班的学员。他第一次站起来就信心十足地说，他要做"全美房屋建筑商"的代言人。他最想做的就是能在全国从事宣传工作，告诉人们他在房屋建造中遇到的问题和获得的成功。约翰·哈佛斯狄真的做到了。他是那种让老师感到非常高兴的学生，有着对理想的狂热追求。他还说，他想到全国各地做巡回演讲，演讲的内容不只是地方性的问题，还包括全国性的问题。于是他十分详细地准备演讲，上课也认真地练习，即使是遇到一年中最忙的季节，他也从来不耽误一次课。结果他进步的速度连自己都吃惊，两个月以后，他已经成为班上的佼佼者。一年后，他的照片经常出现在当地的报纸上，他的演讲也受到了很多人的欢迎，许多电视台还专门采访他。

有一次，在一个广播节目上，主持人要他向大家讲述一下他成功的经验。约翰只用了简短的 3 句话来说明他人生中学到的最重要的东西。他说自己学到的最大的教训是：一个人的所思所想非常重要。你若能知道一个人的思想，就能了解一个人，因为一个人的思想造就了一个人。借着改变自己的思想，每个人也能改变自己的一生。

因此，要想成功，必须具备的条件是：以欲望提升热忱，以毅力磨平高山，以及相信自己一定会成功。

那么，当你面对观众心里恐惧时，就应想起不朽的恺撒精神——征服，前进。把你的眼睛只盯在增加信心和做有效交谈的目标之上，你一定要积极而非消极地想着，自己的这番努力终会成功。

心理学有一个叫"期望强度"的概念，意即一个人在实现自己期望达成的预定目标过程中，面对各种付出与挑战所能承受的心理限度，或曰其期望的牢固程度。克服恐惧也是如此：要成功，必须有强烈的成功欲望。如果一个人期望的强度太脆弱，最终会因无法对付残酷的现实或自身缺点的挑战而半途而废。只有那些一定要成功的人，他们因有足够牢固的期望强度，所以能排除万难，坚持到底，永不放弃，直到成功。

成功不是来源于想要，而是一定要。如果仅仅是想要，可能我们什么都得不到，如果是一定要，那就一定有方法可以得到。成功来源于我要。我要，我就能；我一定要，我就一定能。100% 的意愿，100% 的期望强度，强烈的成功欲望，这一切都在向我们证明：是决心，而不是环境在决定我们的命运；只有决心，才最终决定成功。只要下定决心，就能克服任何恐惧。因为除了在脑海中，恐惧无处藏身。

◎ 做好准备，你就能说得行云流水

林肯说："即使年纪一大把，经验一大堆，如果无话可说，也免不了要为此难为情。"只有准备充分，才有完全的自信。

数年前，一位非常显赫的政府官员要在纽约的一次午餐会上做主持人，几千名听众都在等着听他发言，想听一听他部门里的工作情况。可他一上台，人们就发现他没有准备。刚开始他想即兴讲讲，结果呢，却无话可说。于是他从上衣口袋里掏出一本笔记来，想找一点可发言的东西，但笔记杂乱无章。他心里越紧张，说起话来就越发显得笨拙和尴尬。随着时间一分一秒地过去，他越发地绝望，也越来越不知该说什么才好。他不停地说着对不起，挣扎着还想从笔记中理出一点头绪来，于是他用颤抖的手端起一杯水，凑到干燥的唇边。当时的情景真是惨不忍睹。最后，他只好坐了下来，而留给大家的是一个最丢脸的不敢当众说话的形象。他当众说话的方式正印证了卢梭说的书写情书的方式，那就是：始于不知何所云，止于不知己所云。

完全的准备，不是让你逐字逐句地将演说稿背诵下来。如果犯了这种毛病，便会花费很多精力和时间去背诵，这样会毁掉整个发言。

卡德伯恩是美国一位资深的新闻评论家。他还在哈佛上大学时，曾参加过一次发言竞赛。当时他选了一则题为《先生们，国王》的短篇故事作为演说的内容。然后把它逐字逐句地背诵下来，并且作了数百次的预讲。

比赛那天，他刚说出题目"先生们，国王"这几个字，头脑中就变成了空白，他吓得差点跑下台去。绝望之中，他只好用自己的话来讲这个故事，结果他得了第一名。当评委给他颁奖时，他简直不敢相信这是真的。

也就是从那时起，卡德伯恩就不再去背诵任何一篇演说稿了，他只是做些笔记，然后自然地对听众说话。这就是他在广播事业中成功的秘诀。

每个人都知道，说话是一件很自然的事。说话前的准备主要是准备好讲话的内容并理清思路，而不必去费力地推敲词句。我们通常是边说边想，因此言语便像我们呼吸的空气一样，不知不觉地自然流出。发言前先写出演说稿，再把它背下来，不但浪费精力、时间，而且很容易导致失败。

◎ 说话有根据，才有说服力

统计数字是用来显示某种情况统计计算的结果的，因此，它们能给听众留下深刻的印象，并且极具说服力。尤其是它有证据的效应，这是孤立的事件所不可比拟的。

然而，数字本身是很让人厌烦的，所以使用时要明智而审慎。

一位主管，认为纽约人太懒。因为不立即去接听电话，造成大量的时间损失。为了证明自己的观点，他说：

"在 6 个月中，每 100 个通话中，有 7 个显示，要超过一分钟的耽搁，接话人才拿起话筒。在这方面，每天共有 28 万分钟的损失。在 6 个月中，纽约人耽搁的时间，差不多等于自哥伦布发现美洲以来的所有营业时间。"

在这个例子中，当众说话者把统计数字和我们熟悉的事物放在一起进行比较，收到了加强印象的效果。

如果只提起数字、数量本身，是不会给人留下深刻印象的，它们必须辅以实例。倘若可能，还必须加上我们自己的经验来讲述。

比如可以使用类比的技巧。

韦氏字典中，是这样解释类比的：类比是"两种事物之间相似的关系……不是存在于事物本身的相像，而在于两种或两种以上的事物，在性质、状况或效用等方面的相像"。

C·K·戴卫森在任内政助理秘书时，曾发表了题目为《更强劲电力的需要》的演讲。在这个演讲中，他就利用了类比来支持论点的技巧。

"繁荣的经济必须不断向前迈进，否则就会陷入紊乱。这好比飞机在地面停息时，只是一堆无用的螺钉螺帽的组合。可是一旦飞入空中，它就如鱼得水，发挥它的有效功能了。飞机为了要停留在空中，就必须不断地前进。如果不前进，它不能后退，只能下沉。"

林肯在艰难的南北战争期间，为回答批评他的人，做了一次演讲，在演讲中也使用了类比的手法。这个类比，恐怕是演讲史上最杰出的类比了：

"各位先生，我想让各位来做一番假设。假设你所有的财产都是黄金，你把它交到著名的走索家帕罗丁手中，让他从绳索上带过尼亚拉加瀑布去。当他走在瀑布上时，你会不会摇动绳索，或是不断地对他喊：再俯低些！帕罗丁，走快些！相信谁都不会这样做。你肯定会屏住呼吸，肃立一边，直到他安全地过去。现在美国政府就是这种情况。它正背负着极大的重量，越过狂涛汹涌的海洋，它手中有数不尽的财宝，请不要打扰它，只有我们都保持安静，它才能安然渡过。"

我们都知道，支持演讲重点的方法，就是凭借故事，或是自己生活的经验来说明，使听众去做演讲人要他们去做的事。事件或意外是一般演讲者最常用的方法，但不是可以支持要点的唯一方法。演讲者还可以使用专家的证言，这样权威的力量会增强你的说服力。

但在使用前，你需要注意以下几个方面：

（1）所使用的引述的准确性。

（2）它是否来自专家的专门知识领域？

（3）引述的对象是否为听众所熟知或尊敬？

（4）引述的资料是否肯定是第一手资料？

有一篇关于专业必要性的演讲，是这样说的：

"我相信，无论哪一个行业，通往出人头地的成功之路，在于让你成为那一行业的专家。我不相信分散个人才智的策略，也就是在多方面分心，而仍能在赚钱方面成为人上人……我能确定，这样的人在制造业方面肯定没有，能成功的人，都是那些选定一行，便坚持执着的人。"

这位演讲者的选择是明智的，他引述的是安德鲁·卡耐基的话。不仅因为他引用的内容准确，而且他所引述的对象，有资格谈论有关事业的成功之道，能够得到听众的尊敬。

◎ 让讲话产生实效的"魔术公式"

任何当众讲话，不论自己知道与否，一定都有着4种主要目标中的一个。这些目标是哪些呢？

（1）说服或获取行动。

（2）说明情况。

（3）增强印象，使人信服。

（4）欢娱人们。

卡耐基曾分别在芝加哥、洛杉矶和纽约举行会议，向所有的老师请教。他们当中有许多人是在名牌大学演说系执教的。还有一些人，在事业经营上占据着举足轻重的地位。另有些人，则来自正在快速扩展的广告促销界。卡耐基希望结合这些背景和智慧，得出演说结构的新方法——一个合理的、能反映出时代所需要的、合乎心理学的方法，以影响听众，让他们采取行动。

苍天不负苦心人。从这些讨论当中，终于产生了讲演建构的"魔术公式"。

这个"魔术公式"就是：一开始讲，便把你的实例细节告诉人们，让这件事，生动地说明你希望传达给听众了解的意念。第一，以详细清晰的言辞说出你的论点；第二，陈述缘由，也就是向听众强调，他们如依你所言去做，会有什么好处。

　　这个公式，非常适合如今快步调的生活方式。讲演人再不能沉溺于冗长、闲散的绪论什么的。听众皆由忙碌的人们组成，他们希望讲演者以率直的语言，一针见血地说出要说的话。他们乐于消化的、蒸浓了的新闻报道，使他们不必转弯抹角便能直接获得事实。他们都暴露于麦迪逊街节节进逼的广告环境里。这些广告，使用来自招牌、电视、杂志和报纸的一些有力、鲜明的词语，把自身的信息一股脑儿全部散布出去。它们字斟句酌，没有半点浪费。利用这个"魔术公式"，可以确定必能得到听众注意，并可将焦点对准自己言语中的重点。它能避免啰唆无趣的开场白。

　　这套"魔术公式"也可运用于写商业书信和对员工及属下作指示。母亲可以利用它来激发孩子，而孩子们也会发现借它向父母要求事情很灵。你会发觉它是一把心理利器，在每日生活当中，你也可以用它把自己的意念传达给别人。

问题三　不会讲话：
说话从不用脑子，开口就会招人烦

老话讲"祸从口出"，说话不用脑子，哪怕说错一句话也有可能使自己成为众矢之的。某地产公司老总一次次地抛出"经典言论"，一次次地被炮轰、被攻击，他似乎在用实际行动给我们论证着这一真理。智慧性地说话，不仅可以有助于我们避免不必要的口水战，也可以让我们获得更多的掌声。

◎ 不用脑子说话，往往会很尴尬

阿花好不容易才找到了一份在咖啡馆做服务员的工作，却只上了一天班就被老板炒了鱿鱼。想想她的条件并不是很差，也没有做错什么事，只是不小心问了一句不该问的话。

那天，阿花刚一上班店里就立刻进来了三位客人，她随即拿着菜单，去让这三位客人点餐，第一位客人点的是冰红茶，第二位客人点的是冰咖啡，第三位客人也是点的冰咖啡，但是，他特别强调要用干净一点的杯子。

很快，阿花将这三位客人所点的饮料，用盘子端了出来，一边朝他们坐着的方向走来，一边还大声地向这三位客人问道："你们谁点的冰咖啡是要用干净一点的杯子……"

就凭阿花的这一句话，老板当然会毫不客气地炒她的鱿鱼，因为谁也不会去搬起石头砸自己的脚。

在工作中，要讲究说话的方式，同样，在与人交往的过程中，也要把握好说话的分寸，恰到好处地说好该说的话。

几位年轻的领导干部去慰问一位退休老工人，见面以后问道："您老身子真够硬朗，今年高寿？"老工人回答说："七十九啦。""人生七十古来稀，厂里数您最长寿吧？""哪里，××活到了八十四呢！""那您老也称得上长寿将军啊。""不过，××去年归天了。""唷，这回可轮到您了。"谈兴正浓的老工人听到这句话，脸色陡变。毛病就出在"这回可轮到您了"这句话上。前面老人刚说完"归天"的事，他们却接下去说"轮到您"，这不就使老人产生误会吗？如果这几位年轻干部能控制好前后话语，把话说成"这回长寿冠军可轮到您了"，也就不会出现不快了。

讲究说话的艺术对于迅速有效地传递信息，塑造良好的自我形象有着不可忽视的重要作用。如果只贪图自己一时的痛快而无所顾忌地说了不该说的话，则只会给自己制造出一些不必要的麻烦。

◎ 负面语言只会给自己带来负面影响

俗话说"良言一句三冬暖，恶语伤人六月寒"，"恶语"当然是指那些带有侮辱贬损、攻击谩骂性质的语言。其实，伤人的话不只是恶语。即使你没有口出恶语，但如果经常说负面话，同样也会伤害别人。所以，我们不妨树立一种全新的意识——正面说话三冬暖，负面说话六月寒。

打个比方，一个人在打保龄球，一下子打掉了 7 个瓶子，还有 3 个没有打倒。这时，作为此人的指导，你该怎样说话呢？如果你着眼于"还有 3 个瓶子没打倒"，就会以不满意的口气和措辞说话，这就是反面的话，它只会使人泄气、使人产生抵触情绪。如果你换种角度，以肯定和鼓励语气去说："好！打得不错，已经打掉了 7 个瓶子，继续努力会打掉更多的瓶子！"效果则大不一样，对方会因此受到鼓舞，振作精神，把该做的事情做得更好。

这是因为，人际交流不仅是彼此交换信息，更是感情上的相互刺激影响。我们每个人都乐于接受良好的刺激，而排斥不良刺激。说负面话或轻或重、或多或少都会给人以不良的刺激，这就必然会激起对方或大或小的自我防卫心理，产生抵触情绪，或明或暗地和你唱对台戏。所以说，唯有多说正面话，才能进行正常而有效的人际交流。

我们再以谈生意为例来加以对照比较。假如，甲、乙双方在交货的时间存在矛盾，怎么谈呢？

负面说话：如果贵方不在时间上按我方要求办，那就甭想达成协议！

即使乙方很愿意达成协议，若甲方如此说话，也会使其抵触、反感，从而一口回绝对方的要求，结果不欢而散。

如果甲方能从正面说话，给彼此留下商量的余地，成功的希望就会很大。

正面说话："如果贵方能在时间上尽力提前，赶出 20 天，我们达成协议就没有多大问题了，请您多加关照好吗？"

这样说话会促使对方通过逻辑推理，权衡利弊得失，进一步考虑你的要求，也就很可能改变局面，达成协议了。

显然，你从负面说话，对方即使想让步，由于情绪上的抵触反感，也会嘴硬气冲起来，一口拒绝。而正面和婉转地说话，则能够争取感情上的沟通，让对方理智地思考，就容易把事情谈成。

某大学管理系邀请一位学者举办现代管理科学的系列讲座，因为内容新颖，表达生动，外系的学生来了很多。这样一来，座位有限，管理系的学生晚来一步就没有座位了。为此，负责举办这次讲座的老师向大家发出一个通告：

"同学们，我们这次举办的讲座来听的人很多，为了保证我们管理系的同学都有座位，请其他系来的同学一律坐在第 10 排以后的座位上。谢谢大家的合作！"

这番话的意图无可非议，但这样说会使其他系的同学有一种"外人"的感觉，似乎不受欢迎。为什么不能换个角度，把话说得顺耳中听一些呢？比如这样说，效果就比较好：

"同学们，这次讲座来听的人很多，不论是哪个系的同学，我们都很欢迎！但由于座位有限，为了让别的系的同学也都尽可能坐下，请管理系的同学一律坐在前 10 排以内！谢谢大家合作！"

爱讲负面话的人，有时是过于理想化，用自己理想化的模式，去套生活中的现实，结果常常是事与愿违。还有的人是看问题过于狭隘偏颇，只考虑自己，不顾及其他，凡是不对自己脾气的，都一概予以否定。另一种便是用放大镜甚至是显微镜看人，将别人微不足道的缺点放大。正如鲁迅先生曾经比喻的，一位老夫子用一枚放大镜去看美人那嫩白的胳膊，结果却看到了皮肤间的皱纹和皱纹间的污泥。试想，如果再用显微镜去观察，岂不就是骇人的细菌布满全身了吗！

老爱讲负面话的人，很难与人友好地交往，即使他并没有直接说对方不好，但他那万事皆不如意的心态，让人很难同他找到舒心满意的共同语言。久而久之，人们还会觉得此人太爱刁难，难以相处，常常避而远之，偶有接触，也只好打个哈哈敷衍了事。总讲负面话，最终会成为难以与人相融的孤家寡人。

◎ 指责的话说多了，敌人也就多了

在待人处世中，人们最容易犯的一个错误就是随意指责别人，这也许是由于年轻气盛，也许是由于对自己的绝对自信。但不管怎样还是要提醒你，指责是对别人自尊心的一种伤害，是很难让人原谅的错误，如果你不想让身边有太多的敌人，那就请口下留情，别总去指责别人。

人的本性就是这样，无论他做得有多么不对，他都宁愿自责而不希望别人去指责他们。别人是这样，我们也是这样。在你想要指责别人的时候，你得记住，指责就像放出的信鸽一样，它总要飞回来的。因此，指责不仅会使你得罪了对方，而且也使得他可能要在一定的时候来指责你。即使是对下属的失职，指责也是徒劳无益的。如果你只是想要发泄自己的不满，那么你得想想，这种不满不仅不会为对方所接受，而且就此树了一个敌；如果你是为了纠正对方的错误，那为什么不去诚恳地帮助他分析原因呢？

手段应当为目的服务，只有怀有不良的动机，才会采用不良的手段。许多成功者的秘密就只在于他们从不指责别人，从不说别人的坏话。面对可以指责的事情，你完全可以这样说："发生这种情况真遗憾，不过我相信你肯定不是故意这么做的，为了防止今后再有此类事情发生，我们最好分析一下原因……"这种真心诚意的帮助，远比指责明显而有效。

另外，对于他人明显的谬误，你最好不要直接纠正，否则会好像故意要显得你高明，因而又伤了别人的自尊心。在生活中一定得牢记，如果是非原则之争，要多给对方以取胜的机会，这样不仅可以避免树敌，而且也许已使对方得到了满足，于己也没有什么损失。口头上的牺牲有什么要紧，何必为此结怨伤人？对于原则性的错误，你也得尽量含蓄地进行示意。既然你原意是为了让对方接受你的意见，何必以伤人的举动来彰显自己。

假如由于你的过失而伤害了别人，你得及时向人道歉，这样的举动可以化敌为友，彻底消除对方的敌意，说不定你们今后会相处得更好。既然得罪了别人，当时你自己一定得到了某种"发泄"，与其待别人"回泄"来，不知何时飞出一支暗箭，还不如主动上前致意，以便尽释前嫌，演绎流传千古的"将相和"。

为了避免树敌，还有一点需要特别注意，这就是与人争吵时不要非争上风不可。请相信这一点，争吵中没有胜利者。即使你口头胜利，但与此同时，你又多了一个对你心怀怨恨的敌人。争吵总有一定的原因，总是为了一定的目的。如果你真想使问题得到解决，就绝不要采用争吵的方式。争吵除会使人结怨树敌，在公众面前破坏自己温文尔雅的形象外，没有丝毫的作用。如果只是日常生活中观点不同而引致的争论，就更应避免争个高低。如果你一面公开提出自己的主张，一面又对所有不同的意见进行抨击，那可是太不明智了，这样会致使自己孤立和就此停步不前。如果你经常如此，那么你的意见再也不会引起别人的注意，你不在场时别人会比你在场时更高兴。你知道得这么多，谁也不能反驳你，人们也就不再反驳你，从此再没有人跟你辩论，而你所懂得的东西也就不过如此，再难从与人交往中得到丝毫的补充。因为辩论而伤害别人的自尊心、结怨于人，既不利己，还有碍于人而使自己树敌，这实在不是聪明的做法。

"多个朋友多条路，多个仇人多堵墙"，生活中你要注意尽量避免树敌，更不要做因指责别人而得罪人的蠢事，那很得不偿失。

◎ 不得体的玩笑只能表示你的浅薄

如果说一个人过于严肃，总是板着一张脸，做人做事都很严苛，是不会赢得好人缘的。因为跟这种人在一起会很累，这种人总是硬邦邦的，没有一点热情与活力，跟他们在一起无法开心、轻松，更不要说有什么好心情了。

因此，在日常交际中，应该学会有张有弛，让精神得到解放。所谓精神的松懈，就是有时你要与人有说有笑，说些风趣的话，说些诙谐的话，这是调节精神的好办法。

但，开玩笑也要有个分寸，在这个分寸里，取悦别人，娱乐自己是最终目的，一旦超过了这个分寸，就适得其反了。

胡志就职于北京某科技产品营销公司，长期在外奔波与客户打交道，嘴皮子练得很流利。但能说会道的他，女友谈了好几个，却一个都没成。这不，同事又给他介绍了个小学教师。他与那位女老师约在一家茶馆边品茶边聊天。起初，胡志说话比较谨慎，没什么不当之处。他偷眼观察女方表情，看来她还比较满意。随着交谈的深入，胡志便渐渐地放开了，话也多了起来。两人喝了一点啤酒后，女方有些过敏，手臂上起了几个小红点，胡志曾当过一段时间的宾馆保安，见状，他开玩笑说："我们以前要是见到这种状况，第一感觉就是可能得了艾滋病！"女方听了，二话没说，拎起包离开了。

胡志相亲失败，败在他说话不分轻重。初次与相亲对象见面，口无遮拦，这可是谈恋爱之大忌，胡志恰恰犯了这一忌讳。要知道，中国人一向谈艾滋病色变，不少人认为艾滋病是滥交的结果，他却开玩笑说女方"可能得了艾滋病"，听到这种带有侮辱性的玩笑，女方怎能不气恼？胡志不分轻重的话，最终气走了相亲对象。

开玩笑的目的是为了让对方心情愉快，能让对方体会到其中的善意和欢快时，才算是真正的开玩笑，如果你开的玩笑让对方下不了台，或者是羞辱到了对方，这样的玩笑是不受欢迎的，甚至是狠毒的、邪恶的，也不能算是玩笑。所以说，想开玩笑，你一定要掌握好一个分寸。

（1）内容要高雅

笑料的内容取决于玩笑者的思想情趣与文化修养。内容健康、格调高雅的笑料，不仅给对方以启迪和精神的享受，也是对自己美好形象的有力塑造。钢琴家波奇一次演奏时，发现全场有一半座位空着，他对听众说："朋友们，我发现这个城市的人们都很有钱，我看到你们每个人都买了两三个座位的票。"于是这半屋子听众放声大笑。波奇无伤大雅的玩笑话使他反败为胜。

（2）时机要把握好

玩笑完全在于时机的选择。玩笑对象不是太忙的时候，可能认为这个玩笑有趣；当他或她正在赶工时，玩笑可能就变得没那么有趣了。如果你开玩笑的次数多过上厕所，那么你就有问题了：你是个制造麻烦者。

（3）态度要友善

与人为善，是开玩笑的一个原则。开玩笑的过程，是感情互相交流传递的过程，如果借着开玩笑对别人冷嘲热讽，发泄内心厌恶、不满的感情，那么除非是傻瓜才识不破。也许有些人不如你口齿伶俐，表面上你占到上风，但别人会认为你不尊重他人，从而不愿与你交往。

（4）行为要适度

开玩笑除了可借助语言外，有时也可以通过行为动作来逗别人发笑。有对小夫妻，感情很好，整天都有开不完的玩笑。一天，丈夫摆弄鸟枪，对准妻子说："不许动，一动我就打死你！"说着他扣动了扳机。结果，妻子被意外地打成重伤。可见，玩笑千万不能过度。

（5）对象要分清

同样一个玩笑，能对甲开，不一定能对乙开。人的身份、性格、心情不同，对玩笑的承受能力也不同。

对方性格外向，能宽容忍耐，玩笑稍微过大也能得到谅解。对方性格内向，喜欢琢磨言外之意，对其开玩笑就应慎重。尽管对方平时生性开朗，假如恰好碰上不愉快或伤心的事，就不能随便与之开玩笑。相反，对方性格内向，但正好喜事临门，此时与他开个玩笑，效果会出乎意料地好。

（6）不要以别人缺点开玩笑

你以为你很熟悉对方，随意取笑对方的缺点，但这些玩笑话却容易被对方觉得你是在冷嘲热讽，倘若对方又是个比较敏感的人，你会因一句无心的话而触怒他，以致毁了两个人之间的友谊，或使同事关系变得紧张。

（7）和异性开玩笑别过分

有时候，开个玩笑可以调节人际关系，异性之间玩笑亦能让人缩近距离。但切记异性之间开玩笑不可过分，尤其是不能在异性面前说黄色笑话，这会降低自己的人格。

◎ 不良口头禅让你的形象一落千丈

几乎每个人都有口头禅，就像每个人都有他的习惯动作一样。在不知不觉中，口头禅已经构成个人形象的一部分，甚至是很重要的一部分。语言的风格是个人文化素养的体现，你拥有某种气质的口头禅，也就很容易被人视为属于某种气质的人。所以，我们务必要摒弃不良的口头禅。

一个满口污言秽语，开口便是国骂、乡骂等口头禅的人，自然会让人觉得粗鲁、缺乏教养；而以"有请""谢谢""对不起"等作为口头禅的人，则会让人觉得有礼貌、有修养。一个总是有意无意地把"真没劲""真无聊"挂在嘴边的人，给人的印象是疲惫沉闷的；而一个喜欢在说话时插几句"讲老实话""我实事求是跟你讲"的人，在别人心目中就会显得诚恳、实在。

说话必须要干净、利落、文雅，这不仅是交际的需要，更是培养个人良好谈话修养的要领。不文雅的口头禅是一种不良的语言习惯，它有损我们的风度，所以必须坚决戒除。大体上说，不良的口头禅主要有以下几种：

（1）脏话口头禅

有的人说话时经常使用粗俗、不堪入耳的语言。这种口头禅给人粗野鄙俗、低级下流之感，给人留下极为恶劣的印象，不仅降低了你本人的身份和品位，还会使人反感。

（2）废话口头禅

有的人讲起话来，满口"那个""这个""嗯""啊"，这种口头禅往往把语句肢解得支离破碎，使语言显得拖沓紊乱不流畅。

（3）傲语口头禅

有些人在与人交谈之中，经常使用如"你知道吗""我跟你讲""我告诉你说""你明白吗"等。这些往往只是说话的一种语言习惯，在句子里没有实际意义却反复出现。这种口头禅给人一种自以为是的感觉。

口头禅大多是在无意识中形成的，不良的口头禅能够反映出我们身上某些修养的欠缺，而这种欠缺有的比较明显，有的则从微妙的细节体现出来。出于工作和社交的需要，我们必须经常与人交谈，要想给人留下彬彬有礼、谦逊干练的形象，我们首先要摒弃不良的口头禅。

你可找出平时频率最高的粗话、脏话，集中力量改掉它，并且在每次说话前，都要提醒自己，使说话语气暂时停顿一下，改变原有的条件反射。经过一段时间的实践后，出现频率最高的粗话、脏话改掉了，其他粗话、脏话的克服也就不难了。

同时，你还可以录下自己的讲话，闲暇时常听听，会对自己不良的口头禅引起反感。这样，能促使你以后讲话时保持警惕，逐渐消除不良口头禅。再次，你可以把自己要戒除坏习惯的想法告诉周围的朋友，求得他们的帮助和监督。许多戒除不良习惯者都深刻地体会到，别人的帮助和监督十分重要，是防止复发的有效手段。你讲粗话、脏话，已是习惯成自然，往往讲了自己还不在意，如果旁边有人及时加以提醒、监督，将会有利于你抑制和克服讲粗话脏话的不良习惯。

在摒弃不良的口头禅的同时，我们还要"优化"自己的口头禅。具体的做法可以参考以下两个小例子：

有一个男人，他的口头禅非常特别，就是很简单、也很有力度的四个字"问题不大"。平时，每当遇上什么麻烦事、困难的事，他总是说"问题不大"。这句话，一方面表明了他能够正视现实，认识到问题的确存在；另一方面，也表现出一种无所畏惧的强烈的自信心，让别人感觉他总是在俯视这些问题。就是这极具感染力的四个字，让大家在惶乱不安的时候，犹如吃下了一颗定心丸。也是因为这四个字，他成了大家的主心骨。

有个女孩，不知为什么，别人总是不愿意和她交谈、交往，她自己也觉得很苦恼，有种被人摒于圈外的落寞。于是，她去问她最要好的一个朋友。她的朋友琢磨了好久，最后说，也许是你有几句口头禅，正是使他人感到不快而不愿与你交谈的原因。比如每当别人说起某件新闻时，你总会无意识地说"我不相信"，一下子就扫了别人的兴，久而久之，别人也就不愿和你多说话了。女孩自己想想，的确是这样。于是，她开始有意识地养成说另几句口头禅的习惯。比如把"我不相信"改成"这是真的啊！"这样一来，不仅使她的话显得真切，同时还带有一种深深的信赖。对方听到这种天真热情的反应，当然会情不自禁地感到喜悦，慢慢地，有很多人都乐意与她交往、聊天了。

在社交中，要想树立良好的社交形象，展示独特的社交魅力，你一定不要忽视自己的口头禅。如果有不良的口头禅，一定要坚决摒弃，同时还要注意养成良好的口头禅，从而树立自己正面、积极的形象。要知道，有心眼的人，绝对不会让口头禅毁了自己。

◎ 强词夺理的话不会具有说服力

我们说某某人会说话，某某人口才好，更多地是指一个人说话有说服力，能够抓住问题的关键恰当地表达出来。相反，有些人说话滔滔不绝，但是言之无物或强词夺理，只能用胡说八道而不是能言善辩来形容。

能言善辩的人让人敬服，强词夺理的人只会遭人鄙视。日常生活中我们一定要谨记：能说不是多说，更不是强说。如果说话能改变结果，那么能言善辩和强词夺理正是会导致两种相反的结果。

在现代企业中，善于说服他人是一项非常重要的生存素质。善于说服他人，就能够争取到对方对自己观点和做法的支持，进而征服别人，形成合力。既然说服具有举足轻重的作用，那么我们该如何使说话更具有说服力呢？

谨记三个原则：

首先，要取得对方的信任；

其次，分析问题要透彻，正中要害；

再次，用词要得体，讲策略。

林肯在当总统之前，是一个颇有名气的律师，以辩护说理充分，例证丰富，逻辑性强，善于捕捉听众心理而赢得认可。

有一天，一位连走路都颤颤巍巍的老妇人找到他，哭诉自己被欺侮的事情。她告诉林肯，自己是独立战争中一位烈士的遗孀，每个月就靠丈夫用命换来的抚恤金维持风烛残年。上个月她去领钱时，出纳员竟然要求她支付一笔手续费，而这笔手续费占了抚恤金的一半。这简直就是勒索，连性格宽厚，素有修养的林肯听后都怒形于色。他安慰老妇人，答应帮她打这个没有凭据胜算不大的官司，因为那个狡猾的出纳员是口头进行勒索的。

法庭上，原告申诉之后，被告果然矢口否认。因为没有证据，形势明显不利于老妇人。这时，林肯缓缓站了起来，法庭上上百双眼睛都盯着他，看他能不能扭转形势。林肯先是以真挚的情感述说独立战争前美国人民的深重苦难，述说有志之士如何揭竿而起，怎样在艰苦的环境中战斗不息，抛头颅洒热血。讲到这里，他的情绪突然激动起来，言词尖锐犀利，锋芒直指那个企图勒索烈士遗孀的出纳员。

他说："现在事实已成陈迹，当年的英雄们早已长眠地下，但他们那孤苦无依的遗族，还在我们面前，要求代她申诉。不消说，这位老人从前也是位美丽的少女，也曾拥有幸福美满的家庭，不过她已经牺牲了一切，她现在老而可怜，贫穷无依，不得不向享受着先烈争取来的自由的我们请求援助和保护。请问，我们能够熟视无睹吗？"

发言至此戛然而止，听众的心早已被感动：有的怒不可遏，试图扑过去撕扯被告；有的眼圈泛红，为老人流下同情的泪水；还有的当场表示要解囊相助。在听众的一致要求下，法庭最终判定老妇人胜诉。

"晓之以理，动之以情"，说服的关键在于引导听众产生自发的意志，激发其行动的力量，才能达到良好的说服效果，而不是满嘴诡辩，无理也要争三分。这样，虽然你有可能取得一时争论的胜利，但绝无法令人心悦诚服，这称不上说服力。

现实生活中，无论你做什么工作，想要寻求什么样的合作伙伴、投资人、代理人，有说服力的讲话对你来说都是一项强有力的技能。事实上，任何人都能成为一个有说服力、有魅力、令人信服的人，只要重视讲话，有意识地、科学地打造你的话语权。

第二篇

话语权，靠打造，
一起走进口才训练营吧

　　没有人不希望自己说出来的话乐于被人所接受，并产生足够的影响力。在成长过程中，很多人也一直在努力模仿、学习这种能力。但是，很多人虽然知道、明白、了解、懂得，却仍无法让自己的语言具有足够的分量。的确，"话语权"并非天生，而是塑造出来的，我们必须先改变心态，然后再进行必要的心理调试和训练，才能掌握具有影响力的说话技巧。

第一课 语言个体性：
打造你的语言风格和个性

　　风度作为一个人气质、性格的外在表现，由人的神态、举止、言谈所构成。尤其是言谈上的风度，往往能在初次接触时就给人以肃然起敬的感觉。言谈上的智慧最有利于表现风度中的崇高美。其中自信的神态、文雅的举止和恰如其分的言辞则是老练、深沉、威严和强悍的代名词。

◎ 打造属于自己的语言魅力

　　没有人天生就拥有比其他人更耀眼的光芒，每个人都必须学习如何吸引他人关注的目光，尤其是在人生的初始阶段，就应该让自己的名字和声誉附上一种与众不同的特质，使自己超越于他人之上。此魅力可以是让人们津津乐道的生活轶事，某种个性化的穿着打扮或是由内到外折射出的性格气质。而在语言上，一旦你打造了属于自己的魅力，就会在闪亮的星空中占据一席之地。

　　美国人一般性格外向、感情丰富。他们欣赏英俊的外貌，沉着潇洒、彬彬有礼的绅士风度，赞赏幽默机智的谈吐。1960 年，尼克松败在肯尼迪手下，就是因为在电视辩论中风度与谈吐均不如肯尼迪。里根之所以能当上总统，与他在当电影演员时培养出来的潇洒风度和练就的好口才有很大的关系。从外部形象看，年仅 46 岁的高大、英俊的克林顿当然比年纪老迈的布什占有很大的优势，但布什是一个很难对付的对手，他是一个老牌政客，在从政经验的丰富与外交成就的显赫这两个方面，克林顿无法同他相比。故而克林顿在三次电视辩论中决定采用以柔克刚的办法，不咄咄逼人，不进行人身攻击，要在广大听众面前展示出一个沉着稳重、从容大度的形象。在 1992 年 10 月 15 日第二次电视辩论中，辩论现场只设一个主持人，候选人前面都没有讲桌，只有张高椅子可坐，克林顿为了表示他对广大电视观众的尊敬，一直没有坐，并且在辩论中减少了对布什的攻击，把重点放在讲述自己任阿肯色州州长 12 年间所取得的政绩上。克林顿的这种以柔克刚、彬彬有礼的做法，立即赢得了广大电视观众的好感。

　　最后一次电视辩论中，克林顿英俊潇洒的姿态、敏捷的论辩与幽默机智的谈吐使他大出风头。他在对布什的责难进行了有效的反驳以后，很得体地对广大电视观众说："我既尊敬布什先生在白宫期间的为国操劳，又希望选民能鼓起勇气，敢于更新，接受更佳人选。"话音刚落，掌声雷动。

　　克林顿要想圆他的总统梦，必须把布什拉下马，克林顿深知电视辩论的重要。如果在电视辩论中表现出色，加上舆论界广为宣传，就将为入主白宫铺平道路；如果在电视辩论中惨遭失败，那么，他的总统梦将化为泡影。

　　为了在电视辩论中获胜，克林顿的竞选班子绞尽了脑汁，制定出了有礼有节、以柔克刚的有效的辩论方法。

　　电视辩论不但可以显示总统候选人的竞选主张，更重要的是还能展示候选人的素质和能力，如形象、风度、思维能力、表达能力、应变能力等。克林顿抓住电视这个受众面最广的传媒，在辩论中以说"礼"话的策略与布什竞选，赢得了广大选民的信任和支持，也展示了自身良好的风度和形象。

当今时代就是需要具有不同凡响的人，他们有属于自己的语言魅力。因此，永远不要害怕让自己拥有与众不同并且具有吸引目光的特点。受人攻击、惹是生非都比无人问津、碌碌无为好，几乎所有的行业都遵循这一法则，实际上，所有的专业人士都应该具有演员的气质，在自己的人生舞台上，导演一场神秘的戏剧，或正面，或反面。

如，爱迪生就懂得为了募捐必须不惜任何代价而持续曝光的道理。几乎与所有的发明本身同样重要的是，他知道怎样将这些发明尽快地呈现在人们的面前，引起足够的注意力。由此，他设计了令人眩晕的实验来展示在电力上的发现，常常谈起在当时看起来不可思议的未来发明——机器人，以及可以拍摄思想的机器，结果使得大众对他的发明议论纷纷、念念不忘。他虽然使出浑身解数希望大家的目光能放在他的发明上而不是他的名字上，但是发明的知名度还是远不及他的名气。

总而言之，为了让更多的人关注你，你就必须竭力地亮出自己的个性，打造属于自己的语言魅力，让别人觉得你是一个与众不同的人物。

语言魅力是什么？语言魅力就是风格，就是每片唯一的叶子所体现出来的生存的光芒、生命的美丽。那么，应该试着开创属于自己的语言魅力，了解自己的力量，又善于适当地发挥它。

◎ 形象生动的语言最有说服力

形象生动的语言把无形变成有形，把概括变成具体，把枯燥变成生动，大大吸引了听众的注意力。形象化的语言让听众的视觉、听觉、嗅觉、味觉都一起参加接收活动，大大增强了语言的感染力。此外，它也是构成其他语言风格的基本手段。

语言形象生动需做到如下几点：

（1）选用有色彩、有形象的语词。色彩词与形象词可将听觉形象转化为视觉形象，而视觉形象留给人的印象往往比听觉形象留下的印象更深刻。

（2）运用各种修辞手法，如比喻、拟人、夸张等。这些修辞手法可以用浅显通俗的事物或道理来说明比较复杂、抽象的事物或深奥难懂的道理。

（3）要注意寓理于事，将深刻的道理寓于具体事实之中。那种干巴巴的说教，往往使听者乏味。要善于运用生动典型的事例阐明事理，增强语言的魅力。

作家李准曾自负地说："没有几下绝招，难得当个作家！我的看家本事是：三句话叫人落泪，三分钟过戏，把读者的心放在我手心里揉，叫他噙着眼泪还得笑！"

时逢"常香玉舞台生涯五十周年庆祝会"，文艺界名流齐来祝贺。专好插科打诨的电影导演谢添一把拉住李准说："李准，我想当众试试你！你说三句话，能让常香玉哭一场，我才服你！"

作家李准皱了皱眉头，看看众人，摊摊手为难地对常香玉说："香玉，你看看老谢！今天是你大喜的日子，他偏偏让你哭，这不是难为人吗？"

常香玉说："你今天能让我哭，算你真有本事！"

谢添说："或者签字认输也行！"

李准仍旧为难地说道："香玉，我能有今天的成就，是多么来之不易，论起来，你还是我的救命恩人呢！我十几岁那年，眼看逃荒的难民群到了西安，眼看着大家都快要饿死了，这时忽然有人喊：大唱家常香玉发饭了，河南人都去吃吧！瞬时，人们一下子都涌了过去！当时，我手捧着粥，泪往心里流。心想，日后见了这位救命恩人，我一定要给她叩个头！哪想到'文化大革命'中，你被押在大卡车上游街，让你坐飞机！我站在一边，心里又在流泪，我真想喊一句，让我替替她吧，她是俺的救命恩人哪——"

"老李！你……别说了！"

常香玉猛然打断李准的话，捂住脸，转过身，泪水滚了下来，把手绢都打湿了。

大厅里没有一点声息。众人望着李准，沉浸在他讲的故事里，忘记了这里在打赌，连电影导演谢添也轻轻吸了一下鼻子……李准能说哭常香玉，靠的除了真挚的感情，再就是形象生动的语言描述功底。有了这样的说话本事，自然更容易让别人接受你。

◎ 精心遣词，用好"字眼"的力量

　　说话需要注意遣词，恰当的用字，不仅可以准确地表现自己的意思，而且能够起到感染听者的效果。马克·吐温说："恰当地用字极具威力，每当我们用对了字眼……我们的精神和肉体都会有很大的转变，就像在电光石火之间。"当我们所说的话用对了词，用对了地方就能叫人笑、治疗人的心病、带给人希望，然而若是用错了字眼就会使人哭、刺伤人的心、带给人失望。同样地，借着所用的"字眼"可以让别人了解我们崇高的心志和由衷的愿望。

　　很多成功人士就是因为善于运用"字眼"的力量，才大大激励了当时的人们，决心跟随这些成功人士，结果才塑造出今天的成就。事实也是如此，当你用对了字眼时，不仅能打动人心，同时更能带出行动，而行动的结果便展现出另一种人生。当帕特里克·亨利站在十三个州的代表之前慷慨激昂地说道："我不知道其他的人要怎么做，但就我而言，不自由毋宁死。"这句话激发了几代美国人的决心，誓要推翻长久以来骑在他们头上的苛政，结果造成燎原之火，美利坚合众国于此诞生。

　　曾有一位美国伟人演讲道："当我们今天得以享受到充分的自由时，不要忘了独立宣言，虽然那没有几句话，却是二百多年来所给予我们每个人的保障。同样地，当我们这些年致力于种族平等时，不要忘了那也是因为某些字眼的组合而激发出来的行动所致，请问谁能忘记美国马丁·路德·金博士打动人心的那一次演讲？他说道：我有一个梦，期望有一天这个家能真地站立起来，信守它立国的原则和精神……"

当然，话语的影响力并不只限于美国，第二次世界大战期间，英国正处于风雨飘摇之际，有一个人的话激起了英国全民抵抗纳粹的决心，结果他们以无比的勇气挺过了最艰苦的时刻，打破了希特勒部队所向无敌的神话，那个人就是已故英国政治家丘吉尔。很多人都知道成功的人生就是由那些具有威力的话所谱写而成的，然而却很少有人知道那些伟人的背后所拥有的语言力量也能够在我们的身上找到，这能改变我们的情绪、振奋意志，乃至于有胆量敢于面对一切挑战，使人生过得更加丰富精彩。

人生中，时时刻刻都在选择使用恰当的字眼，因为它可以振奋我们的情绪，相反，如果你选择使用了消极的字眼，很快就会使自己自暴自弃，遗憾的是人们常常不留意所用的字眼，以致错失唾手可得的大好机会。

因此我们务必要重视使用字眼的重要性，这做起来并不难，只要你能聪明而用心地选择便行了。

因此，我们要注意跟他人谈话时，用词一定要谨慎，要留意自己习惯用的字眼，同时还要知道，所用的字眼也会深深影响自我的情绪，也会影响人们的感受。所以，假如我们不能好好掌握如何用字，而随着以往的习惯继续不加选择地用字，很有可能就会扭曲所历经的事实，错过成功的机会。

譬如说当你要形容一件很了不起的成就时，用的字眼是"不错的成就"，那对你的情绪就很难造成振奋的感觉。这全是因为你用了具有局限性的字眼所致。一个人若是只拥有有限的词汇，那么他就只能体验有限的情绪，反之若是他拥有丰富的词汇，那就有如手中握着一个可以调出多种颜色的调色盘，可以尽情挥洒你的人生经验，不仅为别人，更可以为自己。

◎ 塑造语气，让说话更具色彩性

说话都离不开语气。在一句话中，不但有遣词造句的问题，而且有用怎样的语气表达，说话才准确、鲜明、生动的问题。

抗日战争时期，文学大师郭沫若在台下观看自己创作的五幕历史剧《屈原》的演出，他听到婵娟痛斥宋玉：

"宋玉，我特别恨你，你辜负了先生的教训，你是没有骨气的文人！"

郭老听后，感到"你是没有骨气的文人"这句话，骂得还不够分量，就走到后台去找"婵娟"商量。"你看，在没有骨气的后面加上"无耻的"三个字，是不是分量会重些？"

这时，正在一旁化妆垂钓者的演员张逸生，灵机一动，插了话：

"不如把'你是'改为'你这'，你这没有骨气的文人，这多够味，多么有力！"

郭老拍手叫绝，连称："好！好！"

这一字之改，不仅使原来的陈述句变为坚决的判断句，而且使语言有强烈的感情色彩，语气也更加有力，婵娟的愤怒之情溢于言表。一个人只要驾驭了语气，就能够出口成章。这种当今社会最值得推崇的口才能力就显现了驾驭语气的功力。要达到驾驭语气的基本要求，以下3点建议可供参考。

（1）改变不良的习惯语势

语言是人际交往的桥梁。正因为有了语言，才丰富了人的社会化的内容，扩大了社会化的范围，加速了社会化的进程。但是，应该看到，人在社会化的过程中，由于受社会、家庭和个人的某种语言习惯的影响，形成了每个人的独特的习惯语势，因此要尽早克服那些不符合语气要求的习惯语势。

有的人讲话声音变化很大，总是一开口声音很高、很强，到后来越说越低、越弱，句尾的几个字几乎听不到。这种头重脚轻的语势使语意念混，容易造成听话人的疲劳感。有的人讲话，总是带有一种"官腔"，任意拖长音，声音下滑，造成某种命令、指示的意味。有的人讲话，则喜欢在句尾几个字上用力，使最末一个字短促，语力足，给人以强烈感、武断感，容易让人不舒服。把握语气主要是做到句首的起点要参差不一，句腹的流动要起伏不定，句尾的落点要错落有致，这样就能使语气千姿百态，丰富多彩。正确地运用语势，就会对每句话的表达从语意上给以具体把握。这种把握是驾驭语气的基本内容。

（2）掌握语气的特点

语气包含思想感情、声音形式两方面内容，而思想感情、声音形式又都是以语句为基本单位的。因此，语气的概念又表述为具体思想感情支配下的语句的声音形式。语音作为语言的物质外壳，是语气表达所必须依据的支持物。语言有表意、表情、表志的作用，语气相应也分为这3种：

①表意语气

表意语气指的是向对方传递某种信息。如陈述、疑问、祈求、命令、感叹、催促、建议、商量、呼应等。这种语气词或独立成小句，或用于小句末，或用于整个句子末尾。指明事实，提请对方注意，用"啊、呢、咯、嗯"等；催促、请求用"啊、吧"；质问、责备用"吗"，如与副词"难道"搭配，语气更为强烈；说理一般用"嘛"和"呗"；招呼、应呼用"喂"；揣测用"吧"。

②表情语气

表情语气是谈话中表现的感情。如赞叹、惊讶、不满、兴奋、轻松、讽刺、呵斥、警告等。赞叹用"呵、啧"，句中常有"多"字搭配；惊讶用叹词"啊、哎、哟、咦"；叹息用"唉"；制止、警告用"嘘、啊"；醒悟用"哦"；鄙视用"呸"，等等。

③表志语气

表志语气，就是对自己的说话内容表示某种态度。如肯定、不肯定、否定、强调、委婉、和缓等。肯定用"得了（是）……的"；缓和用"啊、吧"，语气显得平淡，不生硬；夸张用"呢、着呢"。

（3）根据不同场合调整语气

要取得良好的效果，有声语言的表达，必须考虑场合、对象、时机等因素，要根据不同场合、不同时机、不同环境和不同对象的语言交流特点，灵活恰当地运用语气的多种形式，做到适时而发。

①因地而异

把握语气要注意因地而异，这是非常关键的。一般而言，场面越大，越要注意适当提高自己的声音，放慢语速，把握语势上扬的幅度，以突出重点。反之，场面越小，越要注意适当降低自己的声音，适当紧凑词语的密度，并把握好语势的下降趋向，追求自然。场合不同，应运用不同的语气。在谈话的场合和演讲的场合、论辩的场合和对话的场合、严肃的场合和轻松的场合、安静的场合和嘈杂的场合等，都要根据情况使用不同的语气。

②因时而异

同样一句话，在不同时候说，效果往往大相径庭。抓住时机，恰到好处，运用适当的语气，才会产生正确有效的效果。

③因人而异

驾驭语气尤为重要的一条就当属因人而异，语气能够影响听话者的情绪和精神状态。只有当语气适应于听话者的同时，才能同向引发，语气不适合于听话者，则会异向引发。比如，是喜悦的会引发出对方的喜悦之情，是愤怒的会引发出对方的愤怒之意；如生硬的语气会引发出对方的不悦之感，埋怨的语气会引发出对方的满腹牢骚等。判断说话语气的依据是一个人内心的潜意识。语气是有声语言的最重要的表达技巧。

掌握了丰富、贴切的语气，才能使我们的思想感情处于运动状态，同时对通话人产生正效应，从而赢得交际的成功。

◎ 妙用语调，抑扬顿挫地感染听者

语调，就是说话的腔调。从严格定义上说，语调应表述为：整句话和整句话中某个语言片断在语音上的抑扬顿挫，包括全句或句中某一片断的声音的高低变化，说话的快慢（即音的长短和停顿）以及轻重等。在口语交际中，语调往往比语义能传递更多的信息，能对听众的心理产生极其微妙的特殊作用，因此更为重要。

在波兰有位明星，人们都称她为摩契斯卡夫人。一次她到美国演出的时候，有位观众请求她用波兰语讲句台词。于是她站起来，开始用流畅的波兰语念出台词。观众们虽然不了解她台词中的意思，却觉得听起来令人非常的愉快。

摩契斯卡夫人接着往下念后，语调渐渐转为低沉。最后在慷慨激昂、悲怆万分时戛然而止。台下的观众鸦雀无声，同她一起沉浸在悲伤之中。而这时，台下传来一个男人的笑声，他就是摩契斯卡夫人的丈夫——波兰的摩契斯卡伯爵，因为他的夫人刚刚用波兰语背诵的是九九乘法表！

从这个故事中我们可以看到，语调的不同竟然有如此不可思议的魅力。即使不明白其意义，也可以使人感动，甚至可以完全控制对方的情绪。因此，你的声音是很重要的！

希腊哲学家苏格拉底说："请开口说话，我才能看清你。"正因为他了解，人的声音是个性的表达，声音来自人体内在，是一种内在的剖白，因此人的声音中可能会透露出畏惧、犹豫和缺乏自信，也有可能透露出喜悦、果断和热情。

我们说话的声音，也必须和音乐一样，能够渗进人们心中，才能达到说服别人的目的。因此，在表示有疑问的时候，你可以稍微提高句尾的声音；要强调的时候，声音的起伏可以更大些；要表现强烈的感情时，可以把调子降低或逐渐提高。

总之，绝对不要使你的语气单调，因为音阶的变化会加强你的说服力。你的热情会在音阶的变化中展现，并且能够感染听者，从而产生说服的力量。

如果你在说话时，只是抓住了字词的表面意义，那么你只是用"借来的字词"在传达而已，你并不是个很高明的说话者。你应该把这些字词的意义充分地表达出来，并且加上你对它们的爱，你的表达才是完整的，你的感情才能充分地表露出来。那么，怎样才能使语调生动有趣从而感染听众呢？

（1）掌握有特色的各种句调

一句话富有表现力，因为它声音有高有低，有快有慢。声音的高低是由声带的松紧决定的，声带拉紧，声音就变高；声带放松，声音就变低。我们说话可以自由地控制声带的松紧，使之发出不同的高低音。一句话声音的高低变化叫作句调。句调是语调中主要的内容。

句调可分升调、降调、曲调、平调 4 种。升、降、曲、平四调，各具特色。只有掌握句调的特点，才能灵活表达出各种句调。

①升调

这种句调前低后高，整个句子的后半句明显升高，句末音节高亢，一般用于提出问题、等待回答、感情激动、情绪亢奋、句中顿歇、意犹未尽、发号施令、宣传鼓动、惊异呼唤、出乎意外等场合。

②降调

这种句调先高后低，但声音不是明显下降，只是逐渐降低，句末音节短而低。在口头交际中，降调的使用最为常见，它多用于情绪平稳的陈述句、感情强烈的感叹句、表达愿望的祈使句。

③曲调

这种句调由高转低，自低升高，或由低转高，再降低。曲调能表达出复杂的情绪或隐晦的感情，所以常用于语义双关、言外有意、幽默含蓄、讽刺嘲笑、意外惊奇、有意夸张等处。

④平调

这种句调变化不大，平稳、舒缓，多用于表达分量较重的文句，如庄重严肃、冷淡漠然、思索回忆、踌躇不决等。

（2）语调抑扬顿挫

说出的话中含有语调才能显得抑扬顿挫。抑扬顿挫构成语言自然和谐的音乐美，能细致表达思想感情和语气，使语言更富有吸引力。一般来说，语调越多样化，越生动活泼，其吸引力就越大。分寸感是语调正确的首要条件。每句话都可以用不同的语调来说，但不同的语调给对方的信息刺激也是不同的。同样一句话，由于语调不一，就可能给人不同的理解，文明语言可能揭示不尊敬对方的信息；相反，有一些不礼貌的语言在非常亲近的人当中，却给人揭示一种亲密无间的信息，关键在于语调分寸感的使用。恰当地运用不同的语调，是衡量一个人口头表达能力的重要标志。

（3）控制说话的轻重快慢

人们说话都有轻重快慢之分。一般来说，重要的词语或需要强调的内容说得重些，句子中的辅助成分或平淡的内容说得轻些。说话轻重适宜，能使语意分明，声音色彩丰富，语气主动活泼，语言信息中心突出，从而引起听者的注意，引导听者的思路，易于被人理解和接受。说话的轻与重，是相对而言的。太轻，容易使听者减少兴趣；太重，也容易给听者突兀的感觉。应根据说话的内容，该轻则轻，该重则重。使人感到音节错落有致，舒服畅快。

语速应根据交际场合和个人表情达意的需要而选择。运用恰当的语速说话，是控制语调的主要技巧。在需要快说时，语速流畅，不急促，使人听得明白；在需要慢说时，不能拖沓，要声声入耳。语速徐疾，快慢有节，才能使言语富于节奏感。听者处在良好的倾听环境里，才能不疲劳，并且增强语言的感染力。

（4）培养表达心声的语调

语调对于有声语言表达的效果有重要的作用。语调不仅能成功地表达一个人的心理和性格，还可以表达说话者微妙的感情。不同的语调，将导致对方不同的感觉效果。一句话起什么作用，产生什么效果，给听者什么感受，取决于说话者的语气和语调。语调关系到口才的成功和失败，所以要想练就优美的口才，必须练习那种真实、准确、富有生命力的语调。

◎ 有条不紊的讲话给人以信赖感

条理清晰、有条不紊的谈话，可给人以稳重之感。比如说，优秀的推销员几乎都不是快嘴快舌之才。这倒不是因为他们反应迟钝，不善辞令，而正好相反，他们机敏过人，能说善道。但他们清楚地了解，推销并不是仅仅靠能言善辩就可以胜任的。如果说你一味地吹嘘该产品怎么怎么好，顾客只会对这种大肆鼓吹报之以疑惑或戒备；反之，当你慢条斯理、一板一眼地陈述商品的性能并动手操作，顾客就会因其所表现出的诚实而对他报以信任。

口才的运用也是如此，尤其是在语言沟通中，假如只顾快嘴快舌，就无法产生好的效果。有人认为，口齿伶俐，可以在短时间传播大量的信息，但却没有想到信息的价值是由讲话者能否给对方以信赖感所决定的。假如你只为了抢速度，只能让对方感到你的轻浮，进而对你所提供的信息产生一定的怀疑。由此，即使你提供的信息再多、再全，也很难有人接受，也就没有什么意义了。

因此，与人交谈时，应注意纠正语调生硬、语速太快的习惯，做到委婉平缓，简洁明了，条理清晰，动人心弦。这是好口才的基本要求。

要做到说话有条不紊，不妨试试以下几个办法：

（1）要有充分的准备

如果你在讲话时对所要讲的内容没有认真考虑过，你肯定会感到无话可说，即使说起来也不会流畅自如。因此，必须在讲话之前有充分的准备，或者写成提纲，或者默诵、试讲。你对讲话的内容愈熟悉，你就愈能讲得好，也不会信口开河，无的放矢。

（2）勇于勤讲多练

善于言辞的才能并不是说每个人都是天生就具有的，有的人是天生就具有的，但有很多人是在环境的影响下，通过个人的实际训练而逐步发展的。

所以，我们应当克服害羞胆怯的心理，在生人面前或人多的场合，要争取发言的机会，勇敢地发表自己的意见。

或许开始时有可能失败，甚至还会遭到他人的嘲笑，但你不要听他们的，不要往心里去，要认真分析自己讲话失败的原因，争取勤讲多练，逐步地去改进，这样才能不断提高自己说话的水平。

说话的时候有条不紊，来源于思路的明确清晰和心理素质的不急不躁。

◎ 言简意赅，字字珠玑才是本事

提高语言表达能力，学会简洁是必过的一关。

在社交活动中，简洁的语言常常比繁杂冗长的话题更吸引人。它体现出说话人分析问题的快捷和深刻，是其认识能力和思维能力高超的表现；它能使听者在较短的时间内获得较多的有用信息，有助于博得对方的好感；它是说话人果敢、决断的性格表现。自信心强、办事果敢的人，其语言是简洁精练的。这一语言风格也是时代风貌的反映，现代化社会节奏快、时间观念强，说话简洁的人会给他人一种生气勃勃的现代人的感觉，尤其为人推崇。所以我们要努力培养自己的简洁精练的言语风格。

"言不在多，达意则灵。"无论在什么场合，讲话要语不厌精，字字珠玑，简练有力，使人不减兴味。冗词赘语，唠唠叨叨，不得要领，必令人生厌。

语言还要力求通俗、易懂，如果不顾听者的接受能力，用文绉绉、艰涩难懂的语言，往往既不亲切，又使对方难以接受，结果事与愿违。当前，公众对某些领导部门开长会的不良作风很有看法，还送其雅号为"马拉松会议"。开会前议题不明确，开会时中心不突出，议论问题不着边际，仿佛不长篇大论就显示不了水平似的。这样的会议效果极差！

不少演讲大师惜语如金，言简意赅，留下珍贵的篇章，成为"善辩者寡言"的典型。

最短的总统就职演说，首推1793年华盛顿的演说，仅135个字。

林肯著名的葛底斯堡演说只有10个句子，他的演讲重点突出，一气呵成。

1984年7月17日，37岁的法国新总理洛朗·法比尤斯发表的演说，更是短得出奇，演讲词只有两句："新政府的任务是国家现代化，团结法国人民。为此要求大家保持平静和表现出决心，谢谢大家。"

上述这些演讲大师驾驭语言的功力都是非凡的，他们的措辞委婉，内容非常精辟。林肯的演讲词仅600字，从上台到下台还不到3分钟，却赢得了1.5万名听众经久不息的掌声，并轰动了全国。当时报纸评论说：这篇短小精悍的演说是无价之宝，感情深厚，思想集中，措辞精练，字字句句都很朴实、优雅，行文完美无疵，完全出乎人们的意料。

第二课 语言辅助性：
身体语言影响他人对我们的看法

你使用身体语言与人沟通时，别人已经对你做出评价——好的身体语言会使沟通更加顺畅，同时能够增强有声语言的生动性、感染力，说服力；糟糕的身体语言不单会使你的谈吐呈苍白之态，甚至会令你在交谈中陷入被动。对于身体语言，你真的很有必要仔细琢磨一番。

◎ 肢体语言影响社交第一印象

肢体语言是信息发送者把要发送的信息，通过仪表、姿势、表情、动作等传送到信息接收者的视觉器官，再通过信息接收者的视觉神经作用于大脑，从而引起积极反应，实现信息发送者的目的的一种表达方式。肢体语言包括面部表情、目光接触、身体姿势、人际空间距离、服饰语言等多种方式。

肢体语言直接诉诸于人们的视觉器官，在人际交往过程中具有十分重要的意义。心理学家阿尔·伯特梅拉比安曾发现这样一个有趣的公式：一条信息的表达效果 =7% 的语言 +38% 的声音 +55% 的肢体语言。这表明，人们获得的信息大部分来自视觉印象。因而美国心理学家艾德华·霍尔曾十分肯定地说："无声语言所显示的意义要比有声语言多得多。"肢体语言独特的有形性、可视性和直接性，对谈吐来说，具有不可低估的特殊价值。

肢体语言有助于形成第一印象，体现气质风度，塑造美的形象。

社会心理学有一个理论叫"晕轮效应"。这一理论认为，一个人留给别人的"第一印象"，往往成为别人对其做出判断的心理依据。心理学家雪莱·蔡根曾经做过一个非常有趣的实验：她在莫萨立顿大学挑选了68个自愿参加实验的大学生。在口才、外貌以及对事物的理解力和判断力上，这些大学生几乎没有什么区别；但在风度仪表方面，有些大学生风度翩翩、气质不俗，有些则仪态平平、气质一般。根据事先的安排，这68个大学生分别向4位素不相识的路人征求意见，希望获得他们的支持。结果，风度翩翩的大学生获得的支持率要远远高于仪态平平的大学生。

2012年，奥巴马在第一场大选辩论中输给共和党的罗姆尼时，有一些评论家就将这场失败归咎于他那"负能量满满"的肢体语言，以及他频频俯视瘪嘴的习惯，这些动作让他显得"倦怠而且准备不足"。

另一方面，有声语言在表情达意上是存在着局限的。有声语言常常把所要表达意思的一部分甚至大部分隐藏起来，造成所谓的"辞不达意""言不由衷"。根据弗洛伊德的解释，这大概是因为经过理性加工的语言往往不能直率地表露一个人的深层心理和真实意向。对听者来说，有声语言的这种无形性、隐藏性和间接性，往往叫他们难以完全地领会说者的意思。因此，"仅依赖文字语言我们永远也不会明白一个人说话的完整含义"（伯德惠斯特尔）。

　　肢体语言能够弥补有声语言的这些不足。它能通过有形可视的、具有丰富表现力的各种动作和表情，协助有声语言将内容准确无误地表达出来。视、听双管齐下，能给听者以完整、确切的印象。石油大王洛克菲勒就深谙此道。他常常用钱币作为道具在桌上演示、说明工人与资本家之间的利益关系，这给工人们留下了非常深刻的印象。专家们指出，医生在问诊时尤其要注意兼顾有声语言和肢体语言，这样才能给病人更有效的提示，从而获得更为确切的信息，做出准确的诊断。

　　不仅如此，肢体语言还能加强表达语气，显示出人内在的情感和态度，使情绪、观点、意见在无形之中得到有力的强调。比如说，教师运用一定的体态动作来教学，可以调节课堂气氛、突出教学重点、改善学生的信息接收率。根据美国心理学家调查，如果教师在讲课时距离学生很远并且毫无表情和动作，学生就只能接受教师发出信息的 25％；如果教师在授课过程中使用图表、字幕等直观的教具，学生的信息接收率可提高到 40％ ~ 50％；如果教师用教鞭指着讲解，并配以恰当的手势和动作，学生的信息接收率即可高达 75％以上。由此可见，有声语言和肢体语言是相辅相成的。

　　肢体语言不但能与有声语言互为补充，还能使说话者以动态、直观的形象出现在听者的面前，给他们以直接的印象。肢体语言直接构成主体的体态形象，这种形象不仅仅是外观造型意义上的，它还鲜明地体现着主体的内在气质、风度和人格。在日常生活的谈话中，人们的举手投足、一颦一笑，无不传递着大量的信息，显露出主体的思想感情、爱憎好恶和文化修养。因此，人们往往通过别人的体态动作去衡量别人的价值，同时也通过自己的动作和姿势来表现个人的风度。

　　体态语的设计和运用能大大增强这种美学效果，使谈话者声情并茂、形神兼备，还能展现出谈话者风度翩翩、仪态万方的气质。有经验的口才家总是善于运用恰当、独特的体态动作来改变自己的形象。

据说，美国前总统肯尼迪具有"超凡的魅力"。在公众场合，不管他说什么，只要做几个动作，就能把听众吸引住。其实他的身材并不算高大，但他那精心设计过的肢体语言却总是能给人一种形象高大的印象。肯尼迪的魅力可以说是来自于他体态的魅力、风度的魅力、气质的魅力。拥有了优美的体态风度，就能在与人交流之初建立良好的第一印象，使自己的形象符合对方的期待，从一开始就从感觉上、心理上沟通了与对方交流的渠道。

总之，在与他人的沟通交流过程中，我们不仅需要恰到好处地运用语言，还应当尽可能地运用肢体语言来支持与配合。如果我们每个人都能得体地应用自己的目光、表情、手势、姿势等肢体语言和别人进行非语言的交流，必然能创造良好的沟通氛围，增强对他人的感染力，并且就显示出自己卓越的沟通才能。

◎ 多彩的表情增强语言的丰富性

表情，是指头部（主要是脸部）各部位对于情感体验的反应动作。表情不仅能给人以直观的印象，而且还能给人以比较强烈的感染力，它同有声语言相配合，能够产生很好的交际效果。

达尔文在《人类与动物的表情》一书中指出，现代人类的表情动作是人类祖先遗传下来的，因而人类的原始表情具有全人类性。这种全人类性使得表情成了当今社交活动中少数能够超越文化和地域的交际手段之一。

法国著名作家罗曼·罗兰曾经说过："面部表情是历经多少世纪才培养成功的，比嘴里讲的更复杂到千百倍的语言。"

俗话说，打人不打脸。这句话至少有这样两层意思：第一，脸部非常重要，一旦受伤，就会被人"一目了然"而"无脸见人"，这对双方来说都很不利；第二，脸部处于最显著的地位，很容易被对方注意，打起架来人会本能的打向对方的脸部，所以，需要有一个约定俗成的规则。这些都说明了脸部的重要性。事实上，人的面部，尤其是眉、眼、鼻、嘴之间的三角区，是人的表情最集中、最丰富的部分。

人类是表情最丰富的高等动物，最善于表情，尤其是面部表情。面部表情，在人际交往的表情范畴内，所占的比例是巨大的和压倒性的。

一般来说，要想成为一名影视戏剧演员，首要的要求是面孔悦目或具有明显的特点。因为在观看影视剧作品的时候，除了语言，观众基本上要通过演员的面部表情来了解剧情，同时，观众也主要是通过演员面部表情演绎情节的效果来评定演员的表演功底的。

面部表情是人的心理活动、情绪变化的晴雨表。

面部表情能够直接反映一个人内心的即时情绪，与人的情绪变化是"同步"的。人的脸部满面红光、满面春风是兴高采烈的表现；面红耳赤是急躁或羞涩的表现；脸色铁青是生气或愤怒的表现；面面相觑是惊恐或束手无策的表现；突然的面无血色是极度惊恐的体现；脸色苍白是紧张和身体不适的表现；面如菜色是营养不良、健康状况不佳的表现。

面部表情就是通过面部肌肉姿势的变化来表达思想感情。面部肌肉收缩和伸展的变化是情感的自然流露。面部肌肉松弛，露出微笑的神色，使人乐于亲近，令人舒服，给人快慰；面部肌肉绷紧，板着面孔，使人避而远之，望而生畏。通常情况下，一个人乐则笑容满面，喜则眉飞色舞，哀则愁眉苦脸，怒则咬牙切齿。在人的面部五官当中，嘴的表现力也很丰富，仅次于眼睛。哈哈大笑总是伴随嘴的大幅开张；人的双唇紧闭，一定是脑部在紧张地运转活动；撇嘴表示藐视和轻视，噘嘴表示生气，呶嘴表示怂恿或嘲讽，咂嘴表示赞叹或惋惜，咬嘴唇表示自省、后悔或决心下定；嘴角向上表示愉快，嘴角向下则表示敌意。鼻子虽然活动幅度不大，但也有一定的表现力：耸鼻表示厌恶，皱鼻表示好奇，嗤之以鼻则表示不屑和看不起。

在面部表情当中，除了眼神，最动人、最有魅力的就是微笑了。作为一种表情，微笑是直接反映人的内在精神状态。一个心情沮丧、精神萎靡的人，是微笑不起来的。微笑是心理健康的标志，也是自信的标志。一个奋发进取、乐观向上的人，一个对生活充满热情的人，总是流露出会心的微笑，并用微笑感染周围的人。

微笑还是一种必要的礼节。微笑是在向对方表白自己没有敌意，并可进一步表示欢迎和友善。微笑如同春风一般，使人感到温暖、亲切和愉快。微笑是一个人礼仪修养的展现。微笑是人际关系的黏合剂，是社交活动的通行证，也是处世待人的法宝。在人际交往之中，微笑是不可或缺的。微笑有一种天然的吸引力，能有效地缩短交往双方的心理距离，营造融洽的交往气氛。与陌生人初次见面，友好的微笑，可以消除双方的拘束感；与熟人见面打招呼，点头微笑，显得和谐温暖；即使婉拒了别人的要求，辅之以淡雅一笑，也不至于让对方难堪。因此，可以这样说，微笑是社交成功的催化剂。

要学会微笑。要学会"恰到好处"的微笑，你甚至可以对着镜子刻意练习。但微笑绝不仅仅是面部肌肉的适当牵拉，而是一种发自内心的真挚的感情流露。也就是说，微笑要用心。只有发自内心的微笑才是自然的、真诚的，才能获得别人的好感，同时也能给你增添无穷的魅力。

人们总是赞美蒙娜丽莎的微笑，说她具有永恒的魅力。那么，她的魅力究竟在哪里？是丰满的前胸，圆润的下巴，飘逸的头发，还是似开似合的嘴角？其实，蒙娜丽莎的微笑的魅力，关键在于她的双眼中流露出来的让人心生愉悦的亲切感。

在人的肢体语言当中，面部表情最能反映一个人的心理和情绪。面部可以把高兴、悲哀、痛苦、畏惧、失望、忧虑、报复、疑惑等迅速、敏捷、充分地反映出来。从面部五官的细微表情，还可以看出交往对象在言语中有意掩饰的内容。

我们在和别人交往、打交道时，之所以有时顺利，有时被动，有时弄得"费力不讨好"，许多时候是因为我们操之过急，没有通过注意别人的面部表情察觉到别人的心绪，没有注意别人当时是否适宜接受你的谈话方式及主题。

在人际交往中，我们应该根据交往对象的面部表情揣摩对方当时的情绪状态和情绪变化。当对方和颜悦色时，我们可以与之进行无拘无束的交谈；当对方的脸色由晴转阴时，你最好别去打搅他（她）；当对方下巴外扬、眼睛向上、鼻子也翘起来的时候，表示他（她）此时蔑视一切，你最好马上离开，以后再做沟通。

面部表情也能体现出一个人的个性。有经验的人，从一个生人的面部表情和面部形象就能准确判断出他（她）的性格类型和当时的心情，这就是人们常说的"察言观色""心如其面"。

人的面部表情丰富多样，在人际交往中，对于情感表达、传情达意都有十分重要的作用。面部表情通常能够传达出人们内心的真正想法，同样，你也可以利用面部表情来促进沟通的进行。在与人交谈时，要对人报以真诚的微笑，让人感受到你的礼貌、热情和友好。为了正确地表达自己的感情，脸色、眼神、眉毛都应协调配合有声语言所表达的感情。如果表情缺乏真诚，就难以做到深入的交流与沟通。而只有感情真诚，表现出的表情才是真实自然的，才能起到感染对方的作用。

总的来说，说话时的面部表情应该是诚恳坦率、轻松友好的，而不应该摆出一副盛气凌人的嘴脸，也不应显出自负的面孔，那样就会从心理上把听者拒之于千里之外。此外，表情还应该是落落大方、自然得体的，是由衷的，而不应该是矫揉造作、生硬僵滞的。这就需要你在平时不断地加强自己内在的修养。

◎ 交谈中"凝视"的学问与原则

在交谈中，"目光语"的运用是一种重要的礼仪行为。目光，主要用来表示对对方的亲切友好和关注的态度，并营造出良好的交谈气氛。通常，人们会根据交谈双方关系的不同，来区别凝视的部位、角度的不同以及时间的长短。

首先说凝视的部位。

（1）亲密凝视，眼神通常集中在对方眼睛和胸部以上这个三角区域，这往往是亲人或恋人之间使用的一种凝视行为。

（2）公务凝视，眼神的焦点落于对方两眼和额头中部之间的三角区域，这通常是为公事打交道的凝视行为。

（3）社交凝视，眼睛看着对方脸上的两眼到嘴唇之间的三角区域，这是人们在社交场合所运用的一种凝视行为，这种凝视行为能够营造出一种

"社交气氛"。

再来说一说注视角度的问题。

注视的角度能够反映出你对人的态度，因此不可轻视这个问题。在公共场合与人交谈时，应该采用正视、平视、仰视、环视（有多人在场时），而不应该采用斜视、扫视、俯视甚至"无视"。仰视能够表示崇拜和尊敬之意；正视、平视、环视则能够体现出公平、平等和自信；而俯视虽然也包含有爱护、宽容的意思，但用错地方，就会让人产生轻视、傲慢的感觉；而扫视、斜视、漠视和无视都是严重的不礼貌的行为。

接着来说一说注视时间长短的问题。

在跟人打交道的时候，注视对方的时间很短或基本不看对方，不管你的主观动机如何，都会让对方产生一种被轻视、被冷落的感觉，从而引起对方的反感。这些人往往不懂得眼神在交流中的重要作用，往往不是低着头看地板或盯着对方的脚，就是"顾左右而言他"。其实，这样会严重地影响交流。因为，在谈话中，不愿进行目光接触的人，往往会给人一种企图掩饰或隐藏着什么的感觉；目光接触时间很短、眼神闪烁不定的人，会让人觉得他精神不稳定或性格不诚实；而几乎不看对方的人，则会被认为是怯懦和缺乏自信心的人。

当然，在交谈时，也不应该走向另一个极端，那就是长时间地盯着对方。英国人体语言学家莫里斯说："眼对眼的凝视只发生于强烈的爱或恨之时，因为大多数人在一般场合中都不习惯于被人直视。"长时间地凝视有一种蔑视和威慑的作用，有经验的警察、法官常常利用这种手段来迫使罪犯招供。因此，在一般社交场合不宜使用长时间注视。同时，长时间地注视，特别是对异性目不转睛地注视，还有对初识者反复的上下打量，也都是很不礼貌的行为。

在人际交往中，注视时间的长短，往往取决于双方关系的亲疏和你对对方重视的程度。

在和熟人、故交或比较重视的对象交谈时，注视对方的时间要长一点。而陌生人的交谈中，不应该直视对方，而应首先平视对方一眼，然后自然地转视他人或四周，避免形成相互对视；而在平视对方时，以散点柔视为佳，目光要柔和、亲切、坦诚、真挚，不要以探询的目光逼视对方，也不能使用那种"一眼看穿"式的眼神，还应同时报以微笑、点头、问候或握手，以迅速地拉近彼此之间的距离。

在这一过程中，眼神不要保持"始终如一"。

自始至终地保持同一种眼神，即使是亲切的目光，也会让人感觉做作和虚伪。真诚地与人交谈时，眼神会自然地产生变化：见面握手、问候时，目光亲切、热情；与人交谈时，要把握好目光接触的分寸；询问对方的身体及家庭情况时，目光中会充满关切；征求对方的意见时，应采用期待的目光；当对方表示赞同、支持、合作时，目光自然转向喜悦；对方带来意外的好消息时，应当报以惊喜的目光；对方侃侃而谈时，你应始终投以关注的目光，即使对对方的谈话内容不太了解或不感兴趣，因为这是礼仪规范最起码的要求；当对方发表了启发性的真知灼见时，要会意地递去赞赏的目光；如果谈话中需要打断对方谈话插话时，要首先报以歉意的目光；起身送客时，也要用关照的目光"目送"对方。

在交流中，一个人的眼神，往往会影响对方对你的第一印象。一个人目光炯炯，会给人留下身体健康、精力旺盛的印象；而目光迟滞的人，留给人的印象是衰老、虚弱。一个人目光如炬，会让人觉得他有远见卓识；而目光如豆的人，会让人觉得他见识短浅、能力低下。一个人目光清朗，让人觉得他坦诚、正直；而目光闪烁的人，则会让人觉得他心虚、神秘。

在人际交往领域，目光和眼神的作用非凡。在与人交谈时，善于最大限度地运用眼神和目光的表现力，不但能够显示出个人的礼仪和修养，还能促进双方的交流和进一步的交往。

在交流中，如果你想给对方留下较为深刻的印象，那么，你凝视对方的目光就要长久一些，以此表现出你的自信。如果你想在和对方的争辩中获胜，那么，注意不要使用闪烁的目光，不要轻意地把目光移开，这样能够表示出你的坚定。如果你和别人碰面，面对别人的眼光觉得不自在，你就应该把目光移开，减少不快的感觉。如果在你和对方谈话的时候，他表现得漫不经心，还会出现闭眼的姿势，你应该知趣地暂停交谈；即使你还需要进行进一步的沟通，也要随机应变。如果你想和别人建立良好的默契，应该用说话 60% ~ 70% 的时间来注视对方，并且选择注视对方的两眼和嘴之间的三角区域，这样信息的传递，才会被正确而有效地理解。如果你想在和陌生人的交往中获得成功，那就应该采用温和、期待的目光，面带浅笑，不卑不亢。

在人际交往中，目光接触和眼神交流发挥着信息传递的重要作用。在与人交谈的时候，我们一定要善于利用这一重要的肢体语言，达到交谈的最终目的。

◎ 善用眼神就能够征服别人的心

眼神是灵动的，因为眼神是思想的折射；眼神是有力量的，因为它是心灵的表达；眼神是震撼的，因为眼神中蕴含着丰富的情感。要想打动他人的心，收获良好的人际关系，就要善用眼神的力量。

小马是位的年轻主管，上任还没多久老总就要他接手一件非常重要的策划案。小马深知这项策划案的难度与重要性，于是心里很是犹豫，生怕自己做不好。他虽然在口头上答应了老总，但内心里却很纠结，感到忐忑不安，眼神中流露出了不自信的恍惚。老总注意到了这个细节，但他并没多说什么，而是给小马倒了杯咖啡，和他闲聊起其他的事情。在谈话快要结束的时候，老总拍拍小马的肩膀说："小伙子，好好干，你会做得很好的。"并用他充满阅历的眼神凝视了小马很久。小马在老总的眼神中看到了他对自己的信赖、肯定、鼓励与期望，心中瞬间充满了力量，觉得自己不能辜负了老总的青睐。于是他信心百倍并全身心地投入到了工作当中，最终非常完美地完成了这项工作，并被提升成为了项目经理。

在人际交往中，眼神的作用是不容忽视的。正像故事中所表现的那样，眼神能够以其蕴含的情感来打动人心。很难想象没有眼神的交流是不是会有友情产生，是不是会有爱情的发生。而人们在交往中，也会经常体会到眼神的重要作用，一个不能直视你的人不会让你相信，而一个善意的眼神往往会让人感到温暖舒心。因此，在人际关系中，善用眼神的力量往往会得到非常好的效果。下面的几点将会具体说明怎样用眼神来打动人心。

（1）真诚与善意的眼神

当我们想要和对方友好地交流，建立能够互信互助的良好关系时，就一定要用自己的真诚与善良去打动对方，因为没有谁会愿意与一个充满虚伪、心地不善的人建立亲密的关系。想要向人展示自己与善真诚良的一面，不能只在语言上下功夫，眼神的力量也是不可忽视的。如果一个人看似在向我们诉说心事，在流露出自己真情的一面，却不跟我们进行眼神交流，在他的眼中根本看不到真诚与善意，那么我们往往不会对他们的"真情流露"产生共鸣，因为我们会直觉地判断出他们并不是在和我们倾心交谈，甚至可能会有别的目的。

因此，想要打动对方，我们就要注意在交谈过程中一定要恰当地进行眼神的交流，用饱含真诚与善意的眼神告诉对方你的诚意，这样对方才会与我们坦诚相见，对我们敞开心扉，为建立起友好的关系打下坚实的基础。

（2）鼓励与支持的眼神

生活中人们难免会遇到这样的情况：想要去做某事却因为缺乏自信而犹豫不决；马上要去做一件对自己来说很有意义的事却由于担心自己能否成功而紧张不已……当人们处于这种类似的状态时，非常需要别人的鼓励与支持。然而这个时候，语言往往不能很好地发挥作用，不能很好地表达我们的情感，因此，我们一定要适时地用鼓励与支持的眼神表达对他们的理解与信任，告诉他们要振作。那么对方的心一定会被我们的关注而打动，在增强自信、坚定自己信念的同时也会对我们心存好感。

但是有一点我们要切记：在向对方投以鼓励与支持的眼神时，尽量不要微笑，这样会让对方误以为我们是在嘲笑他们的处境，不仅不会起到打动人心的作用，还会带来负面的影响；也不能面色凝重，这样会让人觉得你是在担忧他们的处境，不仅不会增强他们的自信，反而会令他们更加怀疑自己的能力。

（3）热情赞美的眼神

林肯曾经说过："人人都喜欢受人称赞。"喜欢从别人那里得到赞美是人类的天性。赞美是一种艺术，正确运用这门艺术，会使被赞美者心情愉快，而作为赞美者自己，也会从中感到快乐。有时候一个充满热情的赞美的眼神会比赞美的话语起到更好的效果，因为语言往往不能全面准确地将我们的心思表达出来：说得过少会达不到我们想要的效果，说得过多又会显得比较做作，给人不真实的感觉。所以，我们一定不要吝啬自己赞美的眼神，适时地加以运用会给我们带来许多方便。例如，当人们经过精心妆扮或者换了一身新衣服出现在我们面前时，我们一定要适时地向他们投去充满赞美的眼神，让对方体会到我们的关注与赞赏。这样我们与对方之间的距离就会迅速拉近，那么接下来的交谈就会轻松很多，使我们更容易达到我们的目的。

不过当我们运用赞美的眼神时，一定要掌握好分寸，既要让对方看到我们的关注，又不能让人觉得我们是在刻意关注他们，这样会让他们觉得难堪。比如，当我们要赞美面前刚换了一身新衣服的人时，就要注意：切忌对人上下打量，因为这样会让别人觉得不自在，甚至有种被嘲笑的感觉。

（4）深切关心的眼神

生活中，人们难免会有情绪低落的时候，有时是因为遇到了挫折，有时是因为身体的不适，有时是因为亲人出现变故……这时，人们最需要的就是别人的关心。然而，在不同的表达方式中，用眼神向对方表示自己深切的关心无疑是种极佳的选择。例如面对刚刚遇到挫折而情绪低落的人，我们往往不容易找到适宜的语言去安慰他们，因为这时的他们大多不愿再回忆起这次让人不快的经历，而如果我们转移话题与对方谈论其他的事情又显得对他们情绪不佳的事实有所忽视，也会让对方心里不舒服。因此我们不如用深切的关心的眼神来传达自己对对方的关注和支持。这样对方往往会感受到我们的关心，也会体会到我们的用心良苦，从而被我们的举动所打动。

然而在给予对方关心的眼神时也要格外注意：我们的眼神中要有理解、关心、支持的味道。一定不能面露笑容，这样会给对方造成你是在嘲笑他的错觉；也不能太过凝重，这样会让对方误以为你是在表达一种无奈或者对他们处境的担忧，这无疑容易让他们失去对自己的信心。

（5）真心倾慕的眼神

当遇到喜欢的人时，人们往往希望对方也能对自己倾心不已。在这种情况下，眼神无疑是打动对方的最佳武器。因为有些情况下，我们无法通过言行和对方近距离交流。但是，如果我们不采取适当的行动，很有可能错失良机，而被他人占了先机。因此我们可以选择恰当的地点，适当的时机向对方投去倾慕的眼神，最好能有目光的直视。那么，让对方动心的可能就更大了。因为有科学研究表明，两人间的爱情，首先开始于四目相对。可是，有一点必须注意的是，用眼神表达自己的倾慕时也要掌握好尺度，不能一直紧盯着他人，以免让对方误以为我们是居心不良。

眼神是一种无形的力量，更是一种无声的语言。饱含情感的眼神往往要比直接的言语表达更加有效，它不受时间地点的限制，更不受身份地位的约束。如果能够善用眼神的作用，一定能够赢得他人的好感和尊敬。

◎ 巧用手势可以增强语言的气势

手势是人们在交往或谈话过程中用来传递信息的各种手势动作。手势是人类最早使用的、至今仍被广泛运用的一种交际工具。在长期的社会实践过程中，手势被赋予了种种特定的含义，具有丰富的表现力，成为人类表情达意的最有力的手段，在肢体语言中占有最重要的地位。手势的"词汇量"在肢体语言当中相当丰富，是人与人之间交往中的第二张面孔。在交谈的过程中，如果能够恰当地使用手势，就能帮助你更好地和他人进行沟通，使你的谈吐更有魅力、更加动人。

通常，手势的表意功能可分为情绪性手势、指示性手势、模拟性手势、象征性手势和礼仪性手势五种类型。

（1）情绪性手势

情绪性手势是伴随着说话人的情绪起伏而发出的，常常用来表达或强调说话人的某种思想感情、情绪、意向或态度。比如说，高兴时拍手称快，悲痛时捶打胸膛，愤怒时挥舞拳头，悔恨时敲打前额，犹豫时抚摸鼻子，着急时双手相搓。一般来说，用手摸后脑勺则表示尴尬、为难或不好意思，双手插腰表示挑战、示威或自豪，双手摊开表示真诚、坦然或无可奈何，扬起巴掌猛力往下砍或往外推，表示坚决果断的态度、决心或强调某一说词。情绪性手势是说话人内在情感和态度的自然流露，往往和表露出来的情绪紧密结合，鲜明突出，生动具体，往往能给听者留下深刻的印象。

（2）指示性手势

指示性手势是用来指示具体对象的手势动作。比如，用手指指自己的胸口，表示谈论的是自己或跟自己有关的事情；伸出一只手指向某一座位，是示意对方在该处就座。指示手势还可以用来指点对方、他人、某一事物或方向，还可以表示数目、指示谈论中的某一话题或观点等。指示性手势可以增强谈话内容的明确性和真切性，便于及时掌握听者的注意力。

（3）模拟性手势

模拟性手势是指比画事物形象特征的手势动作。如抬起手臂比划一个人的高矮，伸出拇指、食指构成一个圆圈比划鸡蛋的大小，抡起胳膊侧身往后模仿骑马，等等。模拟性手势在一定程度上能使听者如见其人，如临其境，由于它往往还带有一点夸张的意味，因而极富感染力。

（4）象征性手势

象征性手势是表示抽象意念的一类手势动作。这种手势往往具有特定的内涵，使用十分普遍。第二次世界大战期间，英国首相丘吉尔推广的一种象征胜利的"V"型手势（伸出右手的食指和中指构成"V"字形状，余指屈拢），19世纪初风行于美国而后在欧洲被普遍采用的表示良好、顺利、赞赏等意思的"OK"手势（大拇指与食指构成一个圆圈，其他三指伸直张开），就是属于此类。在我国，举起握成拳头的右手宣誓表示庄严、忠诚和坚定；少先队员们将右手举过头顶象征人民的利益高于一切；跷起大拇指表示称赞、夸奖；跷起小指表示贬斥、蔑视。象征性手势能给谈话制造特定的气氛和情境，从而加强语言的表达效果。

（5）礼仪性手势

礼仪性手势是指在社交中用于致意、表示礼貌的手势动作。比如说，双方见面握手致意，表示礼貌热情；携手并肩表示亲切友好；挥手相送表示依依惜别；鼓掌致意表示欢迎、赞扬与支持等等。礼仪性手势是社交中不可缺少的交际工具。需要指出的是，前面四种手势的划分并不是绝对的，有时，一个手势可以包含几种意义。比如说到要去"拥抱明天，拥抱未来"可能会激动地撒开双手向前伸出，这既是一种情绪的自然流露，又带有指示或象征意味。

手势的运用场合很多，在日常生活中，手势包括扬手、拱手、招手、摆手、摇手、伸出手臂或手指等动作。不管是哪一种手势动作，都要做到有感而发，准确、自然、优雅而不生硬，还要从实际出发，使动作恰当而简明地说明问题，表达感情。运用手势时还应与人的眼神、面部表情相结合，才能恰如其分地表达手势的意思。

当使用必要的手势辅助语言表达时，应该遵循以下原则：简洁明确，不滥用手势，让人辨别不清你的手势含义；幅度适度，手势使用要自然，通常以小幅度为宜，如果手势幅度过大、使用频率过多，会显得浮躁张扬，不够稳重；自然得体，不要刻意设计摹仿，否则有可能虚假失真；和谐统一，使手势动作与自己的谈话表情要和谐一致，有助于思想意识的正确表达。

现实生活中，很多人在运用手势时存在着不少不良习惯，比如说，兴奋时的手势显得忘乎所以；遇到为难的事或着急的事，就当众抓耳挠腮；与别人谈话时，边讲边挠痒、搔头皮；在人多的场合，指手画脚、拉拉扯扯；说话时，反复使用一种手势，令人感到单调乏味。有一定文化修养、风度高雅的人，在人际交流场合应当十分注意手势的运用。与人交谈时，要留心控制自己的双手，不随便乱动，以保持文雅的风度。

手势对演讲的效果也有很大的影响。由于手势具有具体、鲜明、形象、动作幅度较大的特点，所以在辅助表情达意、增强演讲的吸引力等方面，具有特殊的功能。潇洒的手势，最主要的特征是协调、适度，给人以美感。然而许多的演讲者并不重视手势的运用：有人在演讲时表现得十分机械，要么两手直立下垂，要么双手按在讲台上，缺乏必要而合适的手势动作；有的人虽然使用了手势，但并不潇洒，也没什么变化，只是机械地比画几下，或一直重复一个习惯性的动作；有的人在演讲时动作过多，令人眼花缭乱，手势非常夸张，让人感到滑稽、别扭，殊不知，不规范、缺乏审美感的手势，不但对演讲起不到积极的作用，反而会分散听众的注意力、甚至使听众厌烦。

总之，在交谈时恰当地使用手势，能够增强语言表达效果和感染力，增加谈吐的魅力。要想成为一个拥有良好的谈吐的人，必须重视手势的特殊作用，积极规范自己的手势动作。

手，是人身体上最灵活的部位，借助手势，我们可以表达自己内心的情感和想法，而这些，倘若换成语言表达，或许就没有那么好的效果。因此可以说，有时手甚至比嘴更会说话。在与人沟通的过程中，手势的合理运用，会让你的话语更具感染力和说服力，所以请一定要注意自己的手势，因为它就是我们的第二张脸。

◎ 微笑是最"魅心"的美丽音符

微笑是我们最常见的表情，有时候微笑代表着善意、宽容，有时候微笑代表自信。微笑牵涉到我们的文明素质、生活内容和节奏，也牵涉到民族性格和文化传统。微笑是内心的愉悦自然地流露在脸上，它是伪装不出来的，非伪装不可，也是苦涩的微笑，倒不如不进行伪装的好。

新加坡是国际闻名的旅游城市，素以服务周到闻名。在新加坡的一家饭店，一位旅客找到总台服务员，说自己是一位住店的中国客人的朋友，那位中国客人和他约好了见面，要他先去酒店房间等着。由于那位中国客人事先没有留下话，总台服务员没有答应其要求。等到客人回来后，见到朋友还在外面，十分不悦，跑到总台与服务员争执起来。公关部年轻的李小姐闻讯赶来，刚要开口解释，怒气正盛的客人就指着她鼻子尖，言词激烈地指责起来。当时李小姐心里很清楚，在这种情况下，勉强做任何解释都是毫无意义的，反而会招致客人情绪更加冲动。于是她默默无言地看着他，让他尽情地发泄，脸上则始终保持一种友好的微笑。一直等到客人平静下来，李小姐才心平气和地告诉他饭店的有关规定，并表示歉意。客人接受了李小姐的劝说。没想到后来这位中国客人离店前还专门找到李小姐辞行，激动地说："你的微笑征服了我，希望我有幸再来饭店时能再次见到你的微笑。"

美丽的笑容，犹如桃花初绽，涟漪乍起，给人以温馨甜美的感觉。如果女人在各种场合能恰如其分地运用微笑，就可以传递情感，沟通心灵，甚至征服对手。

当然，微笑也是有所讲究的：

（1）首先要学会微笑

如果你对别人抱着友好的态度，自然会笑口常开，久而久之，微笑会自然会变成你自身的一部分。当你遇到别人时，如果心中想："啊！能看到你，真高兴！"把这种心情表现在你脸上，你会显得满面春风。

你每天都应抽出点时间去笑。在家庭中，也特别需要这样的调剂。笑，能使你在社会上人际关系融洽，家庭中天伦之乐融融。当你某一时刻心情恶劣时，设法使自己笑出来，是改变心情最好的办法。

无论你遇到的困难多么大，处境如何痛苦，一旦你笑了，你就可能撑得过去，不会被困难压倒，也不会向困难屈服。

如果你平时不太喜欢笑，又想学会笑，那么可先从搜集和剪贴各种趣事和笑料做起。用剪贴簿搜集资料当然很花费时间，但是只建立一个简单的笑料档案却很容易，把你所喜欢的和别人代你找到的笑话和漫画剪下来就可以了。

另外，再预备一本记事簿，记下日常生活中遇到的可笑事情，你一翻阅就会笑起来。

（2）笑要注意场合

笑在一般交际场合中都是畅通无阻的通行证，但这并不意味着它在任何交际场合中都适用。如果在不该使用笑的场合中使用了笑，那么，不仅达不到搞好人际关系的效果，而且还会受到别人的冷眼相对，甚至会引来别人的愤怒，这当然是很糟糕的。因此，我们在笑的时候，一定要注意场合。例如，当你参加葬礼或追悼会时，你对悲痛欲绝的死者家属就不能笑脸相迎。

（3）应和大家一起笑

许多人聚在一起时，如果别人的笑和幽默引起大家的共鸣，你绝对不能单独板着脸。大家都笑而你却正襟危坐，无疑会破坏气氛。讲笑话的人心中会十分不快，认为你有意和他为难，故意不笑（其实你只不过认为并不好笑），其他的人也会认为你大煞风景。所以，在这种场合，表现出能欣赏别人的笑和幽默，和大家一起笑，是争取友谊或友好对待的方法。不要瞧不起别人的笑和幽默，不要认为笑和幽默是你的独有物；应该用笑声来表示对别人笑和幽默的赞赏，这样也会使你收到友谊的回报。

（4）不要取笑他人

在运用笑和幽默时，不要把别人作为取笑的对象。特别是不要取笑他人生理上的缺陷，如斜眼、麻面、跛足、驼背等。对别人的不幸，你应该给予同情才是。如果在与许多人的交谈中，有一位是生理上有缺陷的，那么在说话时，就要避免易使人联想到缺陷方面去的笑话。也不要取笑他人的过错和失误。例如，不要取笑你的同学考试不及格，不要取笑你的同伴在走路时跌了跤等。也不要取笑他人出身贫寒、职业卑微、家属中有不法分子等，免得使人感到窘迫。在某种特殊的交际氛围中，不如将自己作为取笑的对象，文雅地嘲笑自己，以此使整个场面松弛、欢快。

（5）应考虑对象

笑和幽默是孪生姐妹，但在运用时应注意对象。也就是说，要看对方的职业、职务、性别年龄和社会地位，要是不考虑这些，乱来一气是会把问题弄糟的。

此外，还应考虑对方的文化层次以及地域、国情、国别，还要记住对方的宗教禁忌。

当对方的地位高或职务重要时，你不能无端地用笑和幽默，而应先提出对方感兴趣的话题，然后在谈话中有分寸地表现你的笑和幽默。

在运用笑和幽默时，要考虑对方的性格特点，否则，你想搞好人际关系的希望就会落空，甚至带来麻烦。

对人微笑，对人运用笑和幽默，是想搞好人际关系，共同快乐地享受人生，并不是为了取笑嘲弄别人，更不是为了和别人比高低。否则，笑往往就会变成仇恨的种子。

我们应以微笑诚恳待人，搞好人际关系，以使工作和生活更快乐。但我们首先须懂得什么叫快乐，怎样才能使别人也使自己快乐。要是损人利己，取笑他人的过失，嘲弄他人的缺陷，这种笑是有百害而无一利的。我们不是为了取笑而微笑，微笑仅是为表示我们与人为善，助人为乐，正确对待人生，正确对待社会的态度。

◎ 请注意肢体语言的文化差异

肢体语言是存在文化差异的，也就是说，在不同的文化背景下，某些肢体语言表现出来的意义是截然不同甚至完全相反的。在全球化程度越来越高的今天，随着国际间的交往越来越频繁，为了更加顺畅地交流和沟通，我们有必要对其他地域和民族的肢体语言的含义有所了解。

在交际活动中，动作也往往具有表情达意的作用。有些动作，由于约定俗成的缘故，已成为人们通用的交际礼节。早在古希腊战争年代，双方为了友好不再打仗，都把盔甲、面罩取掉。以后，人们在交际场合表示友好时，就模仿推开盔甲、面罩的动作，逐渐演化成现在表示礼貌与尊重的"举手礼"。

除了"举手礼"之外，古代的人们为了表示友好，表示不再争斗，就把手伸出来，让对方看看。意思是说："我手中没有武器，和好吧！"这一动作久而久之，就形成了今天的"握手礼"。

"举手礼"、"握手礼"业已为全人类通用，还有一些表情达意的动作是各民族特有的，需要我们有意识地熟悉它们，才能在有关交际场合懂得它们，使用它们。例如中国人指鼻子表示"我"，而美国人表示"我"则要指胸。英国人在公众面前讲话的时候，为了使听众安静下来，往往举起双手，举到同自己头部一样高，掌心向下。而希腊人则把这种动作看作是最大的侮辱或蔑视。

即使是通用的握手礼，许多地域或民族之间也有细节上的差别。例如非洲尼日利亚人在握手时，要用大姆指在手上轻轻弹几下，表示手中没有东西；大洋洲的人，握手时只用中指互相勾住就行了；日本北海道的虾夷人，见面时先要双手合十，再渐渐将手举向前额，掌心朝外推开，然后男人拍拍胡子，女人拍拍上嘴唇，再握手。

对于大多数人来说，一下子接受任何模拟信号都不具有通用意义是不可想象的。他们会举出点头为"是"，摇头为"不是"的反例来。

但据一位曾在印度做过客座教授的美国大学讲师说，他只在那儿干了一学期就自动辞职了，因为虽然他的理性（即他的头脑）知道，在印度把头转向一边表示赞同，但他在感情上还是不能接受："天天见到那么多脑袋似乎全是表示反对的，这简直快要把我逼疯了！"从这个例子就可以看出，即使我们已知这个或那个信号"在别处"另有的含义，但要想在感情上平和地接受它依然很困难！

一家跨国的美国公司的欧洲总部设在法兰克福，在这里工作的都是经理级人物，成百上千的美国和德国管理人员聚集在这里，控制该公司在全世界的营运情况。讨厌的是美国经理与德国同事间的磨擦一直不断，最后公司不得不求教于一名专家。

专家调查后发现了问题的症结：美国经理习惯于开着办公室大门，在他们的德国同事眼中，这意味着"孩子气，不成熟，典型的美国人——对工作一点都不认真"；而那些成天锁着门的德国经理也给了美国人同样的坏印象："典型的德国人，斤斤计较，自以为了不起！"

这位专家指出，对于德国人而言，他"整个的办公室都属于隐私区"，而美国人的"气泡"中只包括自己的办公桌。当某人想同某个经理说话时，情况是完全不同的：如果对方是个德国经理，他必须先敲门，等到对方说"进来"，他才能打开门踏入对方的"领地"（另有些作者指出，听到敲门声与说出"进来"之间的时间长短与说话者的身份、地位有直接的关联）。

同一件事在美国经理那儿完全是另一种程序：因为门无论何时都是开着的，所以任何人一眼就能看出，自己要找的人到底在不在，或者他现在忙不忙。如果人们认为现在是个适合谈话的时机，他会走到门附近，一只手按在门框上询问对方意见，他会这么问："比利，能给我几分钟吗？"若对方不耐烦地摇摇头，表示自己不能或不想放下手头的工作，或低声嘟哝一句："等会儿吧，约翰！"那么前者就会走开，等待另外的时机。若对方恰好有时间，他会答应："当然！"这样，前者就可以进入室内（此外还有一种中间状态：虽然人们已进入室内，手却依然留在门框上，这时人们很可能是要出示随身带来的东西）。但是，只要拜访者的手还留在门框上，他就尚未进入美国经理的隐私区。与之相反：对德国经理来说，打开门就意味着进入了他的隐私区，因此在没有他的允许的情况下门不该被打开。明白了上述基本区别，你出差到美国时就会明白，为什么你的同事的举止都显得那么随便。同样，美国客人在我们国家对大厅紧闭的反应很激烈也是可以谅解的。

正是因为肢体语言存在着文化差异，在和不同文化背景的人进行交流时，我们一定要注意理解对方的肢体语言的独特含义，并使用恰当的肢体语言，这样才能实现更加顺畅的沟通，使自己的谈吐更有魅力。

语言社会性：

场面话、人情话要说得恰到好处

任何深厚友谊的建立，都要经历一个由陌生到熟悉的过程。在与陌生人的交谈中产生影响力，是结识新朋友、扩大社交圈子的主要途径。和人初次见面时，若能恰到好处地说话，就能迅速消除彼此间的陌生感，迅速拉近双方的距离，为今后的进一步交往奠定良好的基础。

◎ 自我介绍应具备良好的展示效果

脑袋决定口袋，人际关系要靠沟通才能得到，而沟通的首要任务就是自我介绍。阿姆斯特朗在登月的时候说"我此时的一小步是人类的一大步"，这就是自我介绍。自我介绍非常重要，每个人都需要做自我宣传和自我推销，要很好地推销自己，要不厌其烦地一遍又一遍地介绍自己，才会让别人留下深刻的印象。

"我叫陈青梅，熟悉的朋友都会直接叫我青梅，就是'青梅煮酒论英雄'的青梅。我人如其名，比较开朗大方，偶尔还会来点儿小幽默。我爱好烹饪和阅读，不过朋友都取笑我说，如果偶尔煮煮方便面，闲时翻翻美容杂志就算爱好的话，那你还真是实至名归。此外，我还喜欢音乐，爱听胡彦斌的歌，每个月会去一两次KTV，朋友们都说我是在用灵魂去唱歌。

"呵呵，跟大家开个玩笑，不过我还真是爱好广泛，相信跟很多人都能聊到一块儿。希望借今天这个平台，能结交到更多的朋友。"

这是在一次联谊活动中陈青梅的自我介绍，活泼幽默的语言让人印象深刻，一下子和陌生人拉近了距离。

在日常的人际交往中，初次见面的人总免不了要做自我介绍。在一般性的社交场合，如果你并没有和对方深入交往的愿望，做自我介绍时只需要向对方表明自己的身份。这时，你可以只介绍自己的姓名，如"您好，我叫张三"或"我是张三"。有时，也可对自己的姓名的写法做些解释，如"我叫陈亮，耳东陈，明亮的亮"。如因公务、工作需要与人交往，自我介绍应包括姓名、单位和职务，无职务可介绍从事的具体工作。如"我叫张三，是李四公司的销售经理"。如果你希望新结识的对象能记住自己，并且有进一步的沟通和交往，做自我介绍时，除介绍自己的姓名、单位、职务外，还可以提及与双方共同的熟人或与对方相同的兴趣爱好等。而要想给人留下深刻的印象，自我介绍就要"出彩"，下面就介绍几种具体的方法：

（1）自嘲容貌

陶志是一个个子不高、戴着眼镜的电视节目主持人。他在向大家介绍自己时是这样说的："单看咱这形象，不如在电视中那么闪闪发亮，眼不大还有点近视，但这丝毫不影响我的睿智与远见；耳朵虽小，更提醒我要耐心倾听观众的心声；嘴巴也不气派，正说明我不夸夸其谈，唢呐和号角的孔都不大，但同样能怒吼与呐喊；个子虽然矮小了点，可潘长江先生说过，浓缩的都是精华。有人说缺点在一定条件下也会成为优点，这话难免有些夸张，但缺点在一定条件下会成为特色则是毋庸置疑的。"

陶志没有使用"老掉牙"的方式来介绍自己，而是借自嘲容貌的方式，把一个形象生动、个性鲜明的自己推到了听者面前，自然地让人对他一见难忘。

（2）自我揭短

大学毕业后，陈志进了距本县数百里外的某县公安局刑警队工作。不久，领导给他介绍了一个在该县一所中学教学的女朋友。第一次约会时，陈志没有像别的青年那样在对方面前竭力展现自己的优点，而是"反其道而行之"，来了个"自我揭短"。陈志向对方这样介绍自己："我这个人找对象存在三大不利因素：一是我家不在这里，办事不如本地人方便；二是我中等身材，相貌平平，有点对不起观众；三是我在刑警队工作，经常加班加点，与我谈对象恐怕要做出一些牺牲。"陈志的一番话使姑娘看到了他的真诚与豁达，顿生好感，她不由微笑着说："你这个人靠得住，这比什么都强。"陈志的第一次约会获得成功，双方由此建立了恋爱关系。

在和姑娘初次见面时，陈志在自我介绍中没有一味地表白自己的优点和特长，而是"反其道而行之"，来了个"自我揭短"，反而给姑娘留下了真诚、可靠的印象，赢得了姑娘的芳心。

（3）巧解自己的姓名

自我介绍首先要介绍自己的名字，并对"姓"和"名"加以解释，你解释得越巧妙，别人对你的印象就越深。这可以反映一个人的知识水平和性格修养，也可以体现一个人的口才。

一个人的姓名，往往有丰富的文化积淀，或折射出凝重的史实，或反映时代的乐章，或寄寓双亲对子女的殷切厚望。因之，巧解姓名有时也令人动情，加深印象。

在全国"荣事达"杯节目主持人大赛中，一个名叫潘望的主持人是这样自我介绍的："我叫潘望，早在孩提时代，我那只有小学文化的军人爸爸和教小学的妈妈就轮番地叮嘱我：望儿，你可是咱们家的希望啊！为了不辱使命，肩负着双亲的重托，我脚踏实地、一步一个脚印地走来，直到今天，走到这个国家级的最高赛场，但愿教师们能给我这只盼望飞翔的鸟儿插上奋飞的翅膀。"

在潘望的介绍中，父母的心愿并列呈现，谁不为之心动？

（4）借与名流相比加深印象

曹菲是一名记者，在一次"记协"聚会上，由于大部分人是第一次见面，曹菲这样自我介绍："我喜欢写诗，可写不过舒婷；我喜欢唱歌，可唱不过毛阿敏；我喜欢主持节目，她俩可能比不过我……"这么一说，就会使别人感到她颇为幽默。

曹菲巧妙地把自己与名人相比，既显示了自己的才能，又显示了语言幽默的特点，博得了大家的好感。

（5）借助地域

通过介绍家乡地域风情景物名优特产的某些特性，巧妙地烘托自己的个性，也是一个好方法。如果地域、家乡名优特产突出，就应从中推衍、阐发出与自己个性相关的内容；如果特产不明显，不特殊，那就挖掘地方特色，将地方特色与自己的个性巧妙结合起来。

一个来自云南的演讲员这样介绍自己："尊敬的评委老师，我来自云南。也许老师们会感到惊诧，云南是阿诗玛的故乡，是个佳丽辈出的地方，但是老师们千万别忘了，云南也是大理石的故乡，相信老师们能从我身上看见大理石的朴实、厚重与刚强。"

这个演讲员以云南盛产大理石这一特产为生发的对象，由大理石的性质、特性引申到自己身上的"朴实、厚重与刚强"，显然自然贴切，不露痕迹，突出了自己的性格、本色和特征。

自我介绍也是一门学问，得体是基本要求，"出彩"是关键。自我介绍要独辟蹊径，从出人意料的独特的角度，采用生动活泼的语言把自己介绍给别人。出色的自我介绍让你在初次"亮相"时就撞出个"碰头彩"，使你在与陌生人的交往中更有吸引力，增强别人想要与你交往的愿望。

◎ 恰当的寒暄是顺利沟通的前奏

在社交中，寒暄是一种很重要的礼节。有人认为，寒暄只是人们碰面时打个招呼而已。而事实上，对于初次见面的人来说，寒暄的内容和方法是否得当，很有可能决定交际的成败。陌生人初次见面时，常常无话可说，为了消除彼此之间的陌生感、缓解紧张气氛，可以先谈一些与正事无关的但大家都熟知的话题，比如天气、社会新闻等，这样一来，就能迅速地拉近彼此之间的距离，营造出一种亲切友好的气氛，为之后深入的交流沟通打下良好的基础。

寒暄看似简单，也没有什么固定的程式，但要恰到好处地运用并充分发挥其作用，却要花点工夫。那么，面对陌生人，如何恰如其分、颇有成效地进行寒暄呢?

（1）寒暄要积极主动

在与陌生人寒暄之前，要迅速培养自己的愉快情绪，积极主动地跟对方寒暄。这样不但能表现出你对陌生人的尊重，还能向陌生人充分地展现自己真诚和进一步交谈的良好欲望。同时，积极的姿态也能充分地展现你富有自信、易于合作的个性。

（2）寒暄时要有礼貌

在与人初次见面的时候，礼貌的寒暄是必不可少的。在寒暄时表现得谦恭有礼，说话文雅礼貌，才能给初识的人留下一个良好的印象。

（3）要善于选择话题

社会学家的研究表明，在陌生人相见的最初四分钟里，只适宜做一般性的寒暄，比如问候、互通姓名等，以及谈论一些无关紧要的话题。此时，应绝对避免提出易于争议性话题、不易回答的问题以及大而无当的话题。寒暄的基本原则是表现出自己的亲和力，让人感觉到自己的关心。

（4）要注意寒暄时的表情、姿势和语气

微笑在社交中的重要作用是众人皆知的。所以，在寒暄时，一定不要忘记展露你真诚的笑颜。此外，还要注意保持优雅的姿势，上身挺直，和对方保持目光的接触。

寒暄时的语气要轻松而柔和，富有感情，就像家中茶余饭后的闲谈一样，让对方消除戒备的心理和紧张不安的情绪。

（5）不要忘记及时转入正题

在成功地营造出融洽的气氛之后，要及时转入正题。因为适当的寒暄可以缓和、营造气氛，而过多的寒暄则会让别人觉得你热情过度，从而引起别人的反感，影响交流的效果。

寒暄本身并不正面表达特定的意义，但它是交际中不可或缺的一部分。寒暄就像一把打开话匣子的钥匙，寒暄能使不相识的人相互认识，使不熟悉的人相互熟悉，使沉闷的气氛变得活跃。在正式交谈开始之前，几句恰到好处的寒暄，能够在短短几句话中，表露出你对初次见面的人的关心，很快赢得陌生人的好感，获得陌生人的认同，达到沟通感情的目的，并有利于顺利地进入正式交谈。

◎ 说好开场白能迅速赢得对方好感

在社会生活中，我们经常要和陌生人打交道。初次见面时给人的第一印象最为关键。两个萍水相逢的陌生人，要想在短时间内消除彼此之间的陌生感、拉近彼此之间的距离，说好第一句话至关重要。在交谈中，这第一句话也就是你的开场白。可以说，说好了开场白，你也就拥有了一把打开陌生人心扉的钥匙。

下面介绍几种开场白，只要你能灵活掌握、运用，就能在交谈中收到立竿见影的奇效。

（1）攀亲认友

一般来说，对任何一个素不相识的人，只要事前做一番认真的调查研究，你都可以找到或明或隐、或近或远的亲友关系。而当你在和陌生人见面时，如果能够及时拉上这层关系，就能使对方产生亲切感，一下子缩短双方之间的距离。

三国时代的鲁肃就是一位攀亲认友的能手。他跟诸葛亮初次见面时的第一句话就是："我是你哥哥诸葛瑾的好朋友。"这一句话就使交谈双方心心相印，为孙权跟刘备结盟共同抗击曹操打好了基础。有时，对异国初交者也可采用攀亲认友的方式。1984 年 5 月，美国里根总统访问上海复旦大学。在一间大教室里，面对一百多位初次见面的复旦学生，里根总统的开场白就紧紧抓住彼此之间还算"亲近"的关系："其实，我和你们学校有着密切的关系。你们的谢希德校长同我的夫人南希，都是美国史密斯学院的校友呢。照此看来，我和各位自然也就都是朋友了！"此话一出，全场鼓掌。

短短的两句话就使一百多位黑发黄肤的中国大学生把这位碧眼高鼻的"洋"总统当成了十分亲近的朋友。接下去的交谈自然十分热烈，气氛极为融洽。你看，里根总统这段开场白设计得多么巧妙！

（2）扬长避短

人人都有长处，也都有短处。一般来说，人们都希望别人多谈自己的长处，不希望别人多谈自己的短处，这是人之常情。跟初识者交谈时，如果以直接或间接赞扬对方的长处作为开场白，就能使对方高兴，并对你产生好感，双方交谈的积极性也就可以得到极大的激发。反之，如果有意或无意地提及对方的短处，对方的自尊心就会因此受到伤害，就会感到扫兴，感到"话不投机半句多"。

日本作家多湖辉所著的《语言心理战》一书中记述了这样一件趣事：被誉为"销售权威"的霍依拉先生的交际诀窍是：初次交谈一定要扬人之长、避人之短。有一回，为了替报社拉广告，他去拜访梅伊百货公司的总经理。一番寒暄之后，霍依拉突然发问："您是在哪儿学会开飞机的？总经理能开飞机可真不简单啊。"话音刚落，总经理兴奋异常，谈兴勃发，广告之事当然不在话下，霍依拉还被总经理热情地邀请去乘他的自备飞机呢！

（3）表达友情

用三言两语恰到好处地表达你对对方的友好情意，或肯定其成就，或赞扬其品质，或欢迎其光临，或同情其处境，或安慰其不幸，就会顷刻间温暖对方的心田，使对方油然而生一见如故、欣逢知己的感觉。

初次见面时交谈可以达到这种程度，跟从未见过面者电话交谈时适当地表情达意同样能使对方感动不已。

美国爱荷华州的文波特市，有一个极具人情味的服务项目——全天候电话聊天。每个月有近两百名孤单寂寞者使用这个电话。主持这个电话的专家们最得人心的是第一句话："今天我也和你一样感到孤独、寂寞、凄凉。"这句话表达的是对孤单寂寞者的充分理解之情，因而产生了强烈的共鸣作用，难怪许多人听后都愿意把自己的知心话向主持人倾诉。

（4）添趣助兴

用风趣活泼的三言两语就可以扫除跟陌生人交谈时的拘束感和防卫心理，达到活跃气氛、增添对方的交谈兴致的目的。

要用三言两语就惹人喜爱、使人感觉一见如故，关键的功夫要花在见面交谈之前。在上面所讲的事例中，人们之所以能获得成功，除了拥有高超的语言技巧之外，无一不是在见陌生人之前就早已了解他的大概情况。

美国前总统富兰克林·罗斯福跟任何一位来访者交谈，不管是牧童还是教授，不管是经理还是政客，他都能用三言两语赢得对方的好感。他的秘诀就是：在接见来访者的前一晚，必定花费一定的时间去了解来访者的基本情况，特别是来访者最感兴趣的题目。这样，在见面交谈时就能有的放矢。

说好你的开场白，能够赢得对方的好感，迅速地拉近彼此之间的距离，甚至让对方对你有一见如故的感觉。说好你的开场白，就相当于为双方进一步的交往和交流开了个好头。

◎ 会说场面话才上得了场面

一踏入社会，应酬的机会就多了，这些应酬包括去别人家做客、赴宴、会议及其他聚会等。不管你对某一次应酬满不满意，"场面话"一定要讲。

什么是"场面话"？简言之，就是让主人高兴的话。既然说是"场面话"，可想而知就是在某个"场面"才讲的话，这种话不一定代表你内心的真实想法，也不一定合乎事实，但讲出来之后，就算主人明知你"言不由衷"，也会感到高兴。说起来，讲"场面话"实在无聊之至，因为这几乎和"虚伪"划上等号，但现实社会就是这样，不讲就好像不通人情世故了。

聪明人懂得："场面之言"是日常交际中常见的现象之一，而说场面话也是一种应酬的技巧和生存的智慧，在人世间生存的人都要懂得去说，习惯于说。

《红楼梦》里，林黛玉丧亲初登荣国府，这时的她内心必然是忧伤而脆弱的，再加上性格原因，凡事都小心翼翼，而王熙凤人未到话先到："我来迟了，不曾迎接远客！"还没有见面，就给人一种热情似火的感觉。

见面之后，王熙凤拉过林黛玉的手，上下细细打量一番，便送至贾母身边坐下，笑着说："天下竟有这样标致的人物，我今儿算见了！况且这通身的气派，竟不像老祖宗的外孙女儿，竟是个嫡亲的孙女儿，怨不得老祖宗天天口头心头一时不忘。只可怜我这妹妹这样命苦，怎么姑妈偏就去世了！"

一席话，既让贾母悲伤之中带些欣慰，心里舒坦，又叫林妹妹心生温暖，感激涕零。而当贾母佯装嗔怪她不该说这些惹人伤心的话时，王熙凤又话头一转，说："正是呢！我一见了妹妹，一心都在她身上了，又是喜欢，又是伤心，竟忘了老祖宗。该打，该打！"至此，她寥寥数语就把初见林妹妹应有的悲喜爱怜之情，抒发得淋漓尽致。

这就是会说话的人，句句都能说到人的心坎上，惹人喜欢。在社会活动中，我们常碰到心理特征、脾气秉性、语言习惯、职业年龄等各不相同的人。怎样才能打开对方的话匣子，增进彼此间的了解，什么样的"场面话"才能令对方有一见如故，相见恨晚之感呢？这就需要根据对方的个性与心理，运用不同的谈话技巧了。

（1）学会几种场面话

当面称赞他人的话——如称赞他人的孩子聪明可爱，称赞他人的衣服大方漂亮，称赞他人教子有方等。这种场面话所说的有的是实情，有的则与事实存在相当的差距，而这种话说起来只要不太离谱，听的人十有八九都感到高兴，而且旁人越多他越高兴。

当面答应他人的话——如"我会全力帮忙的"、"这事包在我身上"、"有什么问题尽管来找我"等。说这种话有时是不说不行，因为对方运用人情压力，当面拒绝，场面会很难堪，而且当场会得罪人；对方缠着不肯走，那更是麻烦，所以用场面话先打发一下，能帮忙就帮忙，帮不上忙或不愿意帮忙再找理由，总之，有缓兵之计的作用。

所以，在很多情况下，场面话我们不想说还不行，因为不说，会对你的人际关系造成影响。

（2）如何说场面话

去别人家做客，要谢谢主人的邀请，并盛赞菜肴的精美、丰盛、可口，并视实际情况，称赞主人的室内布置，小孩的乖巧聪明……

赴宴时，要称赞主人选择的餐厅和菜色，当然感谢主人的邀请这一点绝不能免。

参加酒会，要称赞酒会的成功，以及你如何有"宾至如归"的感受。

参加会议，如有机会发言，要称赞会议准备得周详……

参加婚礼，除了菜色之外，一定要记得称赞新郎新娘的"郎才女貌"……

说"场面话"的"场面"当然不止以上几种，不过一般大概离不了这些场面。至于"场面话"的说法，也没有一定的标准，要看当时的情况决定。不过切忌讲得太多，点到为止最好。

◎ 寻找共同点，打开对方话匣子

陌生人初次见面时，能否打开交谈的突破口，对初次交谈以及日后的交往都显得尤为重要。要想打开与陌生人交谈的突破口，最佳的方法就是找到自己同陌生人之间的共同点。

那么，在初次交谈中，怎样才能找到自己同陌生人之间的共同点呢？

（1）察言观色，寻找共同点

一个人的心理状态，精神追求，生活爱好等，都或多或少地要在他们的表情、服饰、谈吐、举止等方面有所表现，只要你善于观察，就会发现你们的共同点。

一个退伍军人乘车时同一陌生人相遇，位置正好都在驾驶员后面。汽车上路后不久就抛锚了，驾驶员车上车下忙了一通还没有修好。这位陌生人建议驾驶员把油路再查一遍，驾驶员将信将疑地去查了一遍，果然找到了病因。这位退伍军人感到陌生人的这绝活儿可能是从部队学来的。于是试探道："你在部队待过吧？""嗯，待了六七年。""噢，那咱俩还应算是战友呢。你当兵时部队在哪里？"于是这一对陌生人就谈了起来，据说后来他们还成了朋友。

当然，这察言观色发现的东西，还要同自己的情趣爱好相结合，自己对此也有兴趣，打破沉寂的气氛才有可能。否则，即使发现了共同点，也还会无话可讲，或讲一两句就"卡壳"。

（2）以话试探，侦察共同点

两个陌生人对坐，为了打破这沉默的局面，开口讲话是首要的，有人以招呼开场，询问对方的籍贯、身份，从中获取信息；有人通过听说话口音、言辞，侦察对方情况；有的以动作开场，边帮对方做某些急需帮助的事，边以话试探；有的甚至借火吸烟，也可以发现对方的特点，打开口语交际的局面。

两个年轻人从某县城上车，坐在一条长椅上。其中一人问对方"在什么地方下车？""到南京，你呢？""我也是，你到南京什么地方？""我到南京山西路的亲戚家有事，你就是本地人吧？""不是的，我是来南京走亲戚的。"经过双方的"火力侦察"，双方对县城熟悉，对南京了解，都是走亲戚的共同点就清楚了。两个人发现对方共同点后谈得很投机，下车后还互邀对方做客。

这种融洽的效果看上去是偶然的，实际上也是有其必然原因的："火力侦察"，发现共同点，向深处掘进而产生的效应。

（3）听人介绍，猜度共同点

你去朋友家串门，遇到有生人在座，作为对于二者都很熟悉的主人，会马上出面为双方介绍，说明双方与主人的关系，各自的身份，工作单位，甚至个性特点，爱好等，细心人从介绍中马上就可发现对方与自己有什么共同之处。

一位是县物价局的股长和一位"县中"的教师，在一个朋友家见面了，主人把这对陌生人进行了介绍，他们马上发现都是主人的同学这个共同点，马上就围绕"同学"这个突破口进行交谈，相互认识和了解，以至变得亲热起来。

此举最重要的是在听介绍时要仔细地分析认识对方，发现共同点后再在交谈中延伸，不断地发现新的共同关心的话题。

（4）揣摩谈话，探索共同点

为了发现陌生人同自己的共同点，可以在需要交际的人同别人谈话时留心分析、揣摩，也可以在对方和自己交谈时揣摩对方的话语，从中发现共同点。

在广州的某百货商店里，一位在南海舰队服役的军人对服务员说："请你把那个东西拿给我看看。"还把"我"说成字典里查不到的地道的苏北土语。旁边另一位也是苏北人的在广州某陆军部队服役的军人，听了前者这句话，也用手指着货架上的某一商品对营业员说了一句相同的话，两句字里行间都渗透苏北乡土气息的话，使两位陌生人相视一笑，买了各自要买的东西，出了店门就谈了起来，从老家问到部队，从眼下任务谈到几年来走过的路，介绍着将来的打算。身在异乡的一对老乡的亲热劲儿，不知情的人怎么也不会相信这是因为揣摩对方一句家乡话而造成的结果。

可见细心揣摩对方的谈话确实是可以通过找出双方的共同点，使陌生的路人变为熟人，发展成为朋友的。

发现共同点是不太难的，但这只能是谈话的初级阶段所需要的。随着交谈内容的深入，共同点会越来越多。为了使交谈更有益于对方，必须一步步地挖掘深一层的共同点，才能如愿以偿。

◎ 闲谈也是一种"技术活"

别以为闲谈就是扯闲篇，社交活动中，会闲谈才能进一步去交谈，正如心理学家詹姆士所说："与人交谈时，若能做到思想放松、随随便便、没有顾虑、想到什么就说什么，那么谈话就能进行得相当热烈，气氛就会显得相当活跃。"所以，姐妹们，我们即便说得不好也不要紧，就按自己的实际水平去说，或许灵机一闪就能说出有趣、机智的话语来。

其实，除了一些业务性质的交谈一开始就要进入正题之外，一般社交性质的谈话多半是从"闲谈"开始的。不过有些人并不喜欢"闲谈"，他们觉得"今天天气还不错"和"吃过早饭了吗"这一类的话，都是无聊的废话，他们不喜欢谈，也不屑于谈，他们并不知道像这一类看似毫无意义的话，实际上还有着一定的作用——即交谈前的准备工作，这就像在踢足球之前，蹦蹦跳跳，伸手伸脚，做一些柔软体操或热身运动一样。

所以，当交谈开始的时候，我们不妨先谈谈天气，而天气几乎是中外人士最常用的、普遍的场面话。天气对于人类生活的影响太密切了，天气很好，不妨同声赞美；天气太热，也不妨交换一下彼此的苦恼；如果有什么台风、暴雨或是季节流行病的消息，更值得拿出来谈谈，因为那是人人都关心的。

事实上，与人交谈的确是需要相当的经验，当我们面对着各式各样的场合，面对着各式各样的人物，要能做得恰到好处，实在不是一件容易的事。倘若交谈开始得不好，就不能继续发展互相之间的交往，而且还会使得对方感到不快，给对方留下不好的印象。

自然、亲切有礼、言词得体是最重要的。然而做到这一点，也不能说就一定会收到良好的效果。因此，平时除了你所最关心、最感兴趣的问题之外，还要多储备一些和别人"闲谈"的资料。这些资料往往应轻松、有趣，容易引起别人的注意。

除了天气之外，我们还给大家列举了一些常用的闲谈资料，如下所示：

（1）自己闹过的有些无伤大雅的笑话。例如，买东西上当啦，语言上的误会啦，或是办事摆了个乌龙啦等，这一类的笑话，多数人都爱听。如果把别人闹的笑话拿来讲，固然也可以得到同样的效果，但对于那个闹笑话的人，就未免有点不敬。讲自己闹过的笑话，开开自己的玩笑，除了能够博人一笑之外，还会使人觉得这个人很随和，很容易相处。

（2）惊险故事。特别是自己或朋友亲身经历的惊险故事，最能引起别人的注意。人们的生活常常不是一帆风顺的，每天大家照常吃饭，照常睡觉，可是忽然大祸临头了，或是被迫到一个很远的地方，路上可能遭遇到很多危险……怎样应付这些不平常的局面，怎样机智地或是幸运地在间不容发的时候摆脱危险，是任何人永远都不会漠视的题材。

（3）健康与医药，也是人人都有兴趣的话题。谈谈新发明的药品，介绍著名的医生，对流行病的医疗护理，自己或亲友养病的经验，怎样可以延年益寿，怎样可以塑身，怎样可以减肥……这一类的话题，不但能吸引人的注意，而且实在对人有很大的好处。特别是遇到自己或家人健康有问题的时候，假如你能向他提供有价值的意见，那他更是会对你非常感激的。事实上，有哪一个人、哪一个家庭没有这方面的问题呢？

（4）家庭问题。关于每个家庭里需要知道的各方面的知识，例如儿童教育、购物经验、夫妇之间怎样相处、亲友之间的交际应酬、家庭布置……这一切，也会使多数人发生兴趣，特别是对于家庭主妇们而言。

（5）运动与娱乐。夏天谈游泳，冬天谈溜冰，其他如足球、羽毛球、乒乓球，都能引起人们普遍的兴趣。娱乐方面像钓鱼、听唱片、看戏，什么地方可以吃到著名的食品，怎样安排假期的节目……这些都是一般人饶有兴趣的话题。特别是有世界著名的音乐家、足球队前来表演的时候，或是有特别卖座的好戏、好影片上演的时候，这些更是热闹的闲谈资料。

（6）轰动一时的社会新闻也是热闹的闲谈资料。假使你有一些特有的新闻或特殊的意见和看法，那足够把一批听众吸引在你的周围。

（7）政治和宗教。这两方面的问题，倘若你遇到的人，大家在政治上的见解颇为接近，或是具有共同的宗教信仰，那么这方面的话题，就变成最生动、最热烈、最引人入胜的了。

（8）笑话。当然，人人都喜欢笑话，假如你构思了大量各式各样的笑话，而又富有说笑话经验的话，那你恐怕是最受人欢迎的人了。

当然，闲谈也是要掌握尺度的，既不能忽视闲谈这一"开场白"的重要性，也不能"鸠占鹊巢"，让闲谈成为沟通的主体。闲谈的内容可以包罗万象，但也不能随心所欲，一些不合时宜或是敏感的话题要避免提及，以免破坏原本融洽的气氛，令彼此不欢而散。

◎ 把人情话说出浓浓的人情味

人情话是虚话不假，但如果你以十二分的真诚去说，以贴心贴肝的关心态度去说，人情话也能透出浓浓的人情味，让人感动不已。

只要你真正关心他人，就会赢得他人的注意、帮助和合作，即使最忙碌的重要人物也不例外，也只有在这种条件下，你说话的分量才会越来越大。要做到这一点并不难，你只需真诚地说几句关心人的人情话就行了。

你知道谁最得人缘吗？也许你在外面行走的时候就会碰见它。当你走到距离它10公尺附近时，它就会向你摇头摆尾，当你停下来摸摸它的头，它就会高兴地向你表示亲热。而且它的这些表现绝对没有不良企图：既不会向你兜售房地产，也不想同你结婚。大家都应该知道这是谁了吧？——一只可爱的狗。

不知你是否想过，狗是不用工作而能谋生的动物。牛得产奶，母鸡得下蛋，但狗却什么也不用做，只是对你表示亲热。它从没读过心理学，凭着其天赋和本能，在很短的时间内，凭借着对人表示诚心诚意的亲热而赢得了许多朋友。可是，如果是一个人，却很难在一两年内，为吸引别人的注意而交到知心朋友。

我们都知道，有些人终其一生地向别人俯首弄姿，目的是为了引起别人的注意，其结果是徒费力气。因为人们根本不会注意到你，人们注意的只是自己。有人曾做过这样一个有趣的调查，在电话通话中，哪一个字是最常用的。调查结果是"我"字。所以，在人际交往中，你的人情话绝不能放过任何一个"我"。

在塔夫特总统任职期间，罗斯福有一天到白宫访问。恰巧那天总统和夫人外出不在。罗斯福对待下人的真诚便真实地流露出来。他热情地叫着每一个老仆人的名字，和他们打招呼，连厨房里洗碗盘的女仆都不例外。当他见到在厨房里干活的艾丽斯时，他问她是不是还在烘烤玉米面包。艾丽斯说她有时会做一些给仆人吃，但楼上的人并不吃。罗斯福就大声说楼上的人真不懂品味，在他见到总统的时候一定这么告诉他。艾丽斯用盘子盛了一些玉米面包给他，他拿了一片边走边吃，并且一路和工人、园丁打招呼。曾经在白宫做过40多年的老仆人爱科·胡佛含着热泪说这是他两年来唯一感到快乐的日子。

罗斯福有个侍仆叫詹姆士·阿摩斯，他写了一本名叫《仆人眼中的英雄——西奥多·罗斯福》的书，书中讲了这样一件事：他太太因为从没见过鹑鸟，于是有次向总统先生问起鹑鸟长得什么样子，当时总统先生非常详尽地描述了一番。没过多久，他们农舍里的电话响了，他太太跑去接，原来是总统先生亲自打过来的，他在电话中告诉他太太，如果现在从窗口向外看的话，也许可以看到有只鹑鸟正在树上唱歌。他每次到农舍来，都要和他们聊天，即使看不见他们，也可以听到他喊："安妮！詹姆士！"

哪一个雇工不喜欢这样的老板？哪一个人不喜欢这种人？

我们常常忘了人与人之间最宝贵的资源，就是朋友关系——生活的框架告诉我们要保护自己，多做可能多错，热心多会受伤。于是我们宁可自扫门前雪，被动一些，甚至对人漠不关心，或者只是说一些无关痛痒的人情话。一个人可以聪明绝顶、能力过人，但若不懂得藉由真诚和积极热心来培养和谐的交际关系，他的成功就得付出事倍功半的努力。就拿说话来说，你的言辞无论多么悦耳动听，但如在别人那里感觉不到你的真诚，一切都会徒劳。

第四课 语言技巧性：
说话有技术，才叫会说话

　　说话有技巧，才会受欢迎。什么是说话的技巧？就是要能够根据不同的情况、不同的地点、不同的人物与人进行沟通。说得通俗一点，就是要有"变色龙"的本领，要能够根据不同的情况来说不同的话，并使自己始终处于主动的位置。

◎ 软方法比硬方法更有说服力

　　在日常生活中，不够成熟的人往往受不得一点委屈：当别人无理时，他们就以更无理的方式对待；当别人粗鲁时，他们就会以更粗鲁的方式反击，"针尖对麦芒"，不肯后退半步。其实这种方式很不可取，它只会使激化矛盾。有心计的人往往善于"打太极"，懂得用"软方法"去化解矛盾，达到"四两拨千斤"的效果。

一天上午，一位美国人突然气势汹汹地闯进上海某饭店的经理室："你就是经理吗？我刚才在大门口滑倒摔伤了腰。地板这么滑，连个防滑措施都没有，太危险了，马上领我到医务室去。"

见此情形，经理很客气地说："这实在抱歉得很，腰部不要紧吧？马上就领您到医务室，请您稍坐一下。"

美国人坐在椅子上，继续抱怨个不停。饭店经理见对方已经镇定下来，便温和地说："请您换上这双鞋，已和医务室联系好了，现在我就领您去。"

早在美国人闯进来时，经理已经看清他的腰部没有多大的问题。所以当美国人离开经理室后，经理就把换下的鞋悄悄交给一位服务员说："这双鞋后跟已经磨薄了，在我们从医务室回来以前把它送到楼下修鞋处换上橡胶后跟。"

检查结果，果如所料，未发现任何异常，当事人也完全冷静下来，随后一同回到经理室。经理说：

"没什么异常比什么都好，这就放心了。请喝杯茶吧！"

美国人也感到自己方才太冒失了。

"地板太滑，太危险，我只是想让你们注意一下，别无他意。"

经理说："很冒昧，我们擅自修理了您的鞋，据鞋匠说，是后跟磨薄才导致打滑的。"

这位美国人接过刚刚修好的鞋，看到正合适的橡胶鞋跟时，对高超的技巧大为惊讶，便高兴地说道："经理，实在谢谢你的厚意，对您给予的关怀照顾我是不会忘记的。"于是，愉快地握手后，美国人再次向经理道谢，方才走出经理室，经理送他出门时说："请您将这件事忘掉吧，欢迎您再来。"美国人频频道谢，消失在人群中。从此，只要这个美国人到上海，必定住进这个饭店并到经理室致意。

这位美国人最后之所以能够满意而去，就在于这位经理能够在抱怨面前保持理智、顺着对方的意见，并用柔和的语言和切实的行动把这位美国人的怨气化解于无形之中，从而制止了事态的扩大。

有时，人难免因一时糊涂做一些不适当的事。遇到这种情况，就需要把握指责别人的分寸：既要指出对方的错误，又要给对方留面子。这种情况下，如果分寸把握得不当，或者会使对方很难堪，破坏了交往的气氛和基础，并带来一系列严重的后果；或者让对方占"便宜"的愿望得逞，给自己造成不必要的损失。

有一个商场营业员，遇上一位中年男子要退一只电热壶。

那壶已经用得半旧半新了，他却粗声粗气地说："我用了一个多月就坏了，这是什么鸟货？你再给我换一只！"

营业员耐心解释，他却大吼大叫，并且满嘴脏话，说什么"我来了你就得给退，光卖不退算什么"！

这个顾客粗俗的语气，蛮不讲理的神态，使得周围的人都极为气愤，都盼着那名营业员给他点颜色瞧瞧，教育教育他，让他以后做事不要那么狂。

那名营业员虽然占理，但为了不使争吵继续下去，更何况无论什么理由与顾客争吵不休都是经商的大忌，便温和地对那位中年男子说："先生，这个壶已经用了一段时间了，又没有质量问题，按我们这儿的规定是不能退的。可是你执意要退，要不这样吧，你把它卖给我吧。"

就在营业员掏钱的时候，那个粗暴的顾客觉得不好意思了，于是给自己找了一个台阶说："我明天再过来。"一会儿他便默不作声地离开了。

现实生活中，人们普遍存在着吃软不吃硬的心态。特别是性格刚烈、很有主见的人，你强硬，对方不但不会理睬，或许还会比你更强硬；你如果来"软"的，对方反倒会产生同情心，纵使自己为难，也会顺从你的要求。

恳求就属于"软"话的一种。有很多时候，你要想说服人，用"软方法"要比"硬方法"的效果更好。当然，这里所说的恳求，并不是指低三下四地哀求，而是一种"智斗"，是一种心理交锋。通过恳求的语言启发、开导，暗示对方并使对方按你的意思行事。

◎ 有时改变说法就能改变结果

每个人都有自己的思维方式和说话习惯，时间久了，其中必然掺和不少可能导致不佳结果的方式和内容，但语言惰性形成以后很难改变，而一旦做出改变，换一种不同以往的说话方式，可能新的结果会给你一个惊喜。

在一个周末的傍晚，有很多青年男女伫立在街头，其中有不少人是等待与情侣相会的，这时有两个擦鞋的女孩，正高声叫喊着以招徕自己的顾客。

其中一个女孩说："请坐，我为您擦擦皮鞋吧，又光又亮的。"

另一个女孩却这样说："约会前，请先擦一下你的皮鞋吧？"

结果，第一个女孩的鞋摊前的顾客寥寥无几，而后一个擦鞋女孩的喊声却收到了意想不到的效果，一个个青年男女都纷纷让她帮忙擦鞋。这到底是什么原因呢？

第一个擦鞋女孩的话，尽管礼貌、热情，并且附带着质量上的保证，但这与此刻青年男女们的心理差距甚远。因为，在黄昏时刻破费钱财去"买"一个"又光又亮"，显然没有多少必要。人们从这儿听出的印象是"为擦鞋而擦鞋"的意思。

而第二个擦鞋女孩的话，就与此刻男女青年们的心理非常吻合。"月上柳梢头，人约黄昏后"，在这充满温情的时刻，谁不愿意以干干净净、大大方方的形象出现在自己心爱的人面前？一句"约会前，请先擦一下皮鞋吧"真是说到了青年男女的心坎上。由此可见，这位聪明的擦鞋女孩，正是传送着"为约会而擦鞋"的温情爱意。

一句"为约会而擦鞋"一下子抓住了顾客的心，因而大获成功。从以上分析中，我们也该从中受到启发：研究心理，察言观色，得到准确的无形信息才能找到最恰当的说话切入点。

比如，与刚愎自用、好大喜功的人谈话，不宜做过多的解释，而完全可以采用激将法。

又如，与经验丰富、知识高深的人谈话，不能虚张声势、自作聪明，特别是不能不懂装懂、显露浅薄，要不然就有可能会弄巧成拙。

再如，与沉默寡言、疑神疑鬼的人谈话，你越是殷勤、妥协，往往越会引起他更多的疑问或戒备。所以，在关键时刻要想方设法启发对方讲话，以便摸清虚实后再对症下药。同时态度也不妨强硬一点，用自己的自信去感染对方，以便打消疑虑。

有一家皮革材料公司，专为皮革制造厂家提供材料。一次，一位客户登门。几句寒暄之后，公司负责人发现这位客户实力雄厚，需要量很大。

在交谈中又发现这位客户比较自负、性急。于是皮革材料公司通过客户观看样品的机会，适当而得体地夸奖他的经验与眼力，在最后的价格谈判中，先开出每公尺 20 元，但接着加了一句："您是行家，我们开的价是生意的常规，有虚头骗不了您。最后的定价您说了算，我们决无二话。"果然，客户在这种信任的赞誉声中，痛痛快快定了每公尺 15 元的价格（公司的进价是每公尺 12 元）。

显然，这样的战术成功了。而成功的关键还在于准确地把握住了对方的性格及心理，使用了正确的说话方法。

改变说法就能改变结果。日常生活、工作中，会说能给你创造很多有利的条件。本来陌生的关系会变亲密，本来不好办的事就会办成。我们周围的许多人和事都在证明，较好的口才可以有效地拓展一个人的生存空间。

◎ 从赞美中获得他人的最佳认同

赞美别人要恰如其分，不要过分地称赞别人，那会给人一种奉承的感觉。此外，称赞要以平常的口气说出来。假如称赞别人时自己都觉得煽情，那还不如不说为好。善于网织人际关系的人能成大事的特质：懂得适当的赞美，从赞美中获得他人的最佳认同。

把握称赞的要诀，就需要掌握称赞的度，绝不可夸大其词，只有这样才能赢得别人的信任和好感。

美国前国务卿基辛格是个擅长称赞的外交谈判高手，他说："你必须十分敏锐，因为大部分国家领导人都是非常敏锐的，他们不容易被人操纵，却能操纵别人。你得运用你的智慧，去对付一个高智慧的人，还要使他马上感到你的诚意和认真，最后，必须增加他的信心。"因此，在基辛格眼里，所谓称赞是使别人相信他能解决问题的一种方法。

当我们想邀女性约会时，可以适当地赞美她："××，你的身段很美，虽然公司有很多女职员，但我认为你的工作能力比她们都强，如果我能跟你这样漂亮能干的女孩做朋友，真是我无上的荣幸！"也许当时并没有征得她的同意，但有一点可以肯定，这位女士的内心里肯定洋溢着喜悦之情，并且会拥有一天的好心情，如果再适当地努力几次，肯定会成功。

这种依据对方某些特点进行的针对性赞美，要比空泛赞美的效果好很多。后者往往没有什么明确的评价原因，因而常引起被赞美者的误会，令对方怀疑你的审美鉴赏能力，觉得你的赞美不可接受，甚至认为你另有所图。而前者因为有特指对象、是实事求是的，故而有效性也高。

称赞别人也可用间接的方式进行，间接赞美即通过第三方将赞美之词传到当事人耳中，这种方式能够增强赞美的真诚性，令赞美的效果更加显著。纵使你的赞美之词并未传达给本人，第三方也会因你在背后赞美而不是诽谤他人，对你的好感倍增。

其实，同样的赞美之词，倘若经由他人之口传达，往往会比直接赞美效果更好。这是因为，当面赞美常会被对方视为外交辞令，而经由他人之口的赞美则显得更具可信性，更能引起对方的重视，赞美的效果便被扩大化了。

此外，正如俗语所云："对症下药，量体裁衣。"赞美也要"因人而异"：对于商业人员，如果说他学问好、品德高、博闻强记、清廉高洁，他不一定高兴，而如果说他才能出众，手腕灵活，现在满面红光、印堂发亮，发财在即，他一定会很高兴；对于政府官员，恭维他生财有道，定发大财，他可能会恨你一辈子，这时应该说他为国为民，淡泊名利，清廉公正；对于教授、教师，说他为人师表，学问渊博，思想深远，妙笔生花，他听了肯定高兴。对什么样的人，就应该说什么样的恭维话。有道是："上山打柴，过河脱鞋。"不要弄得"牛头不对马嘴"，免得好意恭维人家一番，人家还觉得你是"乱弹琴"。

赞美一事，无论直接赞美还是间接赞美，都应让自己的赞词显得恰当、自然，不可太过夸张或是矫揉造作。赞美最佳的效果就是让对方真心感到自己被肯定，如果在词语上不能把握分寸，其结果极易走向反面。

大体上说，我们在赞美别人应注意以下几个原则：

（1）实事求是，措词得当

在赞语尚未出口时，我们先要掂量一下：这种赞美有没有事实依据；对方听了是否会相信；第三者听了是否会不以为然；一旦出现异议，你有无足够证据来证明自己的赞美站得住脚根。所以，赞美以事实为基础，切不要浮夸。

同时，措词也要得当。一位母亲赞美孩子："你是一个好孩子，有了你，我感到很欣慰。"这种措辞就很有分寸，即鼓励了孩子，又不会使孩子骄傲。反之，如果这位母亲说："你真是一个天才，在我看到的小孩中，没有一个人赶得上你的。"这样，很可能会令孩子骄傲自满，将孩子引入歧途。

（2）赞美要具体、深入、细致

抽象的东西往往很难确定它的范围，难以给人留下深刻印象，而美的东西应该是看得见、摸得着的，这就是具体。例如，要称赞某人是个好推销员，你可以这样说——"老王有一点非常难得，就是无论给他多少货，只要他肯接，就绝不会延期"。

所谓深入、细致就是在赞美别人的时候，要挖掘对方不太显著的、处在萌芽状态的优点。因为这样更能发掘对方的潜质，增加对方的价值感，赞美所起的作用才会更大。

（3）赞扬要真诚、热情

经常看到有人在称赞别人时表现出来的那种漫不经心——"你这篇文章写得蛮好的"、"你这件衣服还不错"、"你的歌唱得还行"……这种缺乏热诚的、空洞的称赞，并不能使对方感到高兴，有时甚至会由于你的敷衍而引发反感和不满。

如果将上述话语改成——"这篇文章写得好，特别是后面一个问题有新意"、"你这件衣服很好看，这种款式很适合你的年龄"、"你的歌唱得不错，不熟悉你的人没准还以为你是专业演员呢"……这些话比空洞的赞扬显然更有吸引力。

（4）将赞美用于鼓励

将赞美用于鼓励，能唤起人的自尊心、上进心。有些人因为第一次接触某件事，劳而无果，这时你应该怎样说呢？暂不管有多大毛病，你首先应该鼓励他："第一次能有这样的成绩，已经不错了。"对第一次登台、第一次比赛、第一次写文章、第一次……的人，你这种赞扬会让人深刻地记一辈子。

大家若想将赞美运用的得心应手，可以参考以下几种方法：

（1）运用对比性的赞美。即把被赞美对象和其他对象相比较，以突出其优点。常用"比××更……"或"在××中最……"等句式表示。俗语说"有比较才能有鉴别"，对比性赞美给人一个很具体的感觉，但也正因为如此，从另外一个角度看，它会产生一个负面，从而容易引起人际关系中的矛盾。所以在比较时就不应该用贬低来代替赞美。

例如，两个学生各拿着自己画的一幅画请老师评价。老师如果对甲说："你画得不如他。"乙也许比较得意，而甲心中一定不悦。不如对乙说："你画得比他还要好。"乙固然很高兴，甲也不至于大扫兴。

（2）运用断语性赞美。即给被赞美者一个总结性的良好评价，语气要肯切。实际上，对别人的工作进行肯定就是一种赞美。但是这种赞美由于是较为全面的、总结性的评价，所以容易流于抽象，与赞美的具体性产生矛盾。赞美者也会给人一种高高在上的感觉，所以它经常和其他的方法结合在一起综合使用。

（3）运用感受性赞美。即赞美者就赞美对象的某一点，表示出自己的良好感受。它体现了赞美的具体性，因为它表示的只是赞美的感受，不受其他条件的限制，所以这种形式能充分发挥其赞美的优势。

（4）间接赞美。即当事人不在场时，说些赞扬他的话。一般情况，间接赞美的话语都能传达到本人耳中。在日常生活中，如果我们想赞扬一个人，不便对他当面说出或没有机会向他说出时，可以在他的朋友或同事面前，适时地赞扬一番。

据国外心理学家调查，间接赞美的作用绝不比当面赞扬差。此外，直接赞美的度不足会使对方感到不满足，不过瘾，甚至不服气；直接赞美过了头又会变成恭维，而用间接赞美的方法则可以缓和这些矛盾。因此，有时我们与其当面赞扬，不如通过第三者间接去赞美对方。

总结起来很简单。即，我们赞美他人时，措辞一定要适度。适度、恰当的赞美会使被赞美者感到快乐和振奋，而过度、空洞的恭维、奉承，会令对方感到反感、难堪，结果往往适得其反。

◎ 赞美加入创意，更加动人心弦

一个人有某一方面的优点，必然会常常被人称赞，例如：你看起来很年轻、长得很帅、气质不错、能力不一般等，这些赞词对他而言早已司空见惯，同样的话语或许已然无法令其心动，更不会引起足够的重视。

所以，如果你想将赞美的效果推向极致，就需要设法使自己的赞美更具创意，至少要与对方常听到的赞美有所不同。因为有创意的说辞总会优先引人注意。

一本书中说，一位将军听到别人称赞他美丽的胡须便大为高兴，但对于别人对他作战方式的赞誉却不放在心上，道理就在于此。大概不少人赞美过这位将军的英勇善战及富于谋略的军事才干，但是他作为一个军人，不论在这方面怎样赞美他，也只是赞歌中的同一支曲子，不会使他产生自豪感。然而，如果你对他军事才能以外的方面加以赞赏，等于在赞词中增加了新的条目，他便会感到无比的满足。可见，在赞美他人时，捧出新鲜的意味来是多么的重要。

有这样一个故事：

在几经的电话预约以后，一位商界成功人士终于答应同莉莉见面。莉莉很珍惜这次机会，因为她的目的是让此人成为她们公司产品的代言人。在一般情况下，商界人士是不屑于为其他人做广告的，"我又不是明星，那些出风头的事找别人去做吧！"这是他们的观点。为了在短暂有限的时间内能够说服这位成功人士，莉莉制订了详细的计划。她的计划是：想办法先赢得他的好感，然后努力延长对话的时间，这样才有可能成功。

见到了久负盛名的慕容先生后，莉莉打过招呼，然后微笑着说："您好，我仔细阅读了您的成功经历，您真是一个商界奇才啊！"

慕容先生显得波澜不惊，说："啊，真是奇怪，现在每一个人见到我都这样说。其实，我并不那样认为，这也是我给每一个人的回答。"

"不，不。您太谦虚了，中国像您这样的人物真的太少了。"莉莉唯恐慕容先生不高兴，赶紧又说。

"莉莉小姐，如果你是来跟我说这些的话，那么你可以走了。因为这些话对我没有任何意义，如果我想听这样的话，随便拉一个人进来可能都比你说得好。如果你没有其他的事情了，请不要浪费大家的时间。请原谅我的直白，因为时间对我来说实在是太宝贵了。很抱歉。"

莉莉动了动嘴唇，什么话都没有说出来。

出现这种尴尬的局面，是莉莉万万没想到的，她怎么也没想到自己一番好心赞美，却被对方驳得面红耳赤，自己的真正来意还没来得及表达，就被下了逐客令。我们思考一下，莉莉的问题究竟出在哪儿呢？其实，根本原因就在于莉莉的赞美太过于普通化，毫无创意可言，甚至让人觉得是在听废话，是在浪费时间。

曾有一位优秀的推销员在回忆自己的销售经历时说道，他曾遇到一位奇怪的客户，无论是你夸赞他对于社会做出的贡献还是吹捧他的成就，他都不屑一顾，但你若是夸赞他的胡须与众不同，他便会神采奕奕。

其实，与这位客户有相同心理的人并不少。或许，已经有很多人在他们面前表述过类似内容，因而对于他们而言早已司空见惯，所以你在这方面再怎么赞美他们，也不过是换汤不换药，不会引起他们的注意。

然而，倘若你换个角度，从其经商才能之外的地方入手，则往往会令他们感到欣喜，因为这意味着自己除了明面上的优点以外，还有与众不同之处，他当然会为此感到满足。由此可见，在赞美一个人时，设计一些有创意的想法，绝对会令你事半功倍。

所以，我们在与人交往时，说赞美的话一定要字字珠玑，让人感到如沐春风，赞美别人时如不审时度势，不掌握一定的技巧，即使你是真诚的，也可能会变好事为坏事。就像煲汤，如果火候掌握得不好，那么再好的原材料也不会煲出味道鲜美的汤。只有火候掌握得好，赞美才会散发出最浓郁的香味。

陈词滥调或者不着边际的赞美只会惹人生厌，赞美的直接目的是让对方高兴。如果你不低估人家的智力的话，赞美的话也得有新意才成。这就需要我们细致入微地观察对方，深刻地了解对方，发现对方鲜为人知的优点。当然，这种发现显然需在长期、深入的交往中才能完成。

◎ 一语双关，含蓄不乏风趣生动

说话时，可利用表面上说甲事物，实质上暗示于乙。通过二者对比，形成众人认同的反差，使人心领神会，从而达到幽默的效果。这就是"一语双关"。

双关是一种修辞手法，这种表达方式大多是利用了词语的多义性或词的音同意近现象，故意使某些词语在特定的环境中临时具有双重意义来表达说话者的意思，而听者可以借双关的意义心领神会，从而起到含蓄、生动或幽默、风趣的特殊效果。

双关在汉语中应用历史悠久，并且具有丰富的表现力。人们所熟知的唐代诗人刘禹锡的《竹枝词》中的"东边日出西边雨，道是无晴却有晴"两句就是巧妙地运用了双关语，被广为传诵。有这样一则寓言：

足球对篮球说："老兄，我们本是同一类，为什么你常常被人拍，而我只能被人踢呢？这不公平。"篮球不屑一顾地回答道："小傻瓜，这还不简单么！因为我比你大，你比我小呗。"

这一则寓言运用足球、篮球一个被踢、一个被拍的不同遭遇，暗示了级别不同而形成的差别，幽默而风趣，辛辣地讽刺了现实社会中出现的一种不良风气。

一位中学语文老师在向学生讲授如何修改文章时，巧妙运用双关的表达方式，深入浅出地讲解了修改文章的重要性。他说："每个人的脸皮就是一篇天生的文章。古今中外，许多女人都是非常讲究修改文章的。她们每天早晨起来梳妆，对着镜子，用增白霜反复揣摩，再用高级胭脂、唇膏精心润色，还要用特制的眉笔仔细地修改眉题。甚至于连标点符号也毫不含糊——非要用手术刀将单括号改为双括号不可！你们看，这是何等严肃认真、高度负责的态度啊！"

这番生动形象、风趣幽默的双关语运用，使课堂里充满了笑声，使学生加深了对于修改文章重要性的理解，收到了引人入胜的效果。

一语双关的构成可以分为以下 3 种类型。

（1）语义双关

同音同字之下，一语多义，形成双关。例如人们常说的"穿小鞋""上眼药"，在特定的语言环境中都具有双关效果。

（2）谐音双关

两个词语读音相同而意思不同，借用谐音婉转含蓄地表达出说话者的本义。如"道是无晴却有晴"中的"晴"即是"情"的谐音双关。

（3）借义双关

借用一个词语的意思来表达另外一个意义，就构成了借义双关。

例如，有这样一组问答：

问：你怎么看待一些人用"短平快"手法赚大钱？

答：赚大钱既可以"高点强攻"，也可以"短平快"，只要不犯规就行。

"短平快"和"高点强攻"本来都是排球技术术语，有其特定的含义。这里借用以表示经商活动中的一些手段，含蓄而令人深思，属于借义双关。

从前，有个媒婆，她凭一张巧嘴不知使多少青年男女结了良缘。

一次，她遇到了难题。一位姑娘缺了一块嘴唇，一直嫁不出去；一个小伙子没有鼻子婆不上媳妇。他们虽然容貌各有缺陷，但找对象却都要求对方五官端正。结果，这位巧嘴的媒婆还是把他们说合了。

媒婆对小伙子说："这姑娘没有别的毛病，就是嘴不好！"小伙子想，准是心直口快，爱唠叨，于是说："嘴不好不算大毛病，慢慢她会改嘛！"媒婆对姑娘说："小伙子什么都好，就是眼下缺少点东西。"姑娘听了以为是结婚礼品准备不全，就说："眼下缺少点东西怕啥，我多陪嫁点就是了。"媒婆见双方表示同意，于是叫他们把自己的话写下，以免口说无凭。

在那父母之命，媒妁之言的社会，他们没有见面就这样定下了自己的婚姻大事。到了新婚之夜，真相大白了，双方都指责媒婆骗人，媒婆却拿出字据说："我怕你们不满意这事儿，都清清楚楚、明明白白地告诉你们啦。（对小伙子）我不是跟你说了姑娘嘴不好吗？（对姑娘）我不是告诉你小伙子眼下缺点东西吗？可是你们都同意了，这不，还立了字据呢！怎么能说是我骗人？"两个人都无话可说了。后来这对青年生活得也挺美满。

这位媒婆真是有口才，将一对无情却有缘的人牵到了一起。姑娘"嘴不好"，小伙子"眼下缺少点东西"，是利用多义构成双关：按小伙子的理解，姑娘"嘴不好"准是心直口快，爱唠叨，然而，还可表示"兔唇"；按姑娘的理解，小伙子"眼下缺少点东西"，是结婚礼品准备不全，然而，"眼下"的引申义是目前，指说话这个时候，媒婆却用的是它的字面意思，真的是"眼睛下面"。由于两位青年根据自己憧憬的形象，作了理想的理解，因而产生了喜剧效果。

语言自身的特点为"一语双关"创造了条件，利用这种特点，言在此而意在彼，往往会收到独特的表达效果。

◎ 巧妙比喻，把话说得雅一些

在沟通交流中，打比方是最常用的一种表达技巧。它可以把事情说得形象生动，富有情趣，把深奥的道理阐述得浅显易懂，精彩的比喻还可以调节社交现场的气氛，让人产生愉悦感。高手们之间交流，比喻更是用得精妙。

电视剧《蜗居》中有这样一个情节：江州市市委孙书记发现张市长与秘书宋思明可能有通过利益关系结为一体，在土地开发中官商勾结、牟取暴利的事情后，想找机会劝劝他，于是就请张市长来喝茶下棋。

二人棋罢闲谈，孙书记谈到自己最近在读的书："我翻翻武侠小说，发现这个武学呀，有两大派：一类叫剑宗，一类叫气宗。练气宗的，最初几十年，辛辛苦苦、兢兢业业，开始看不出什么成效，比方说那个岳不群。练剑宗的，开始进步神速，很容易笑傲江湖，比方说那个令狐冲。但是，如果假以时日，双方在赛场上，比的不是百米冲刺，而是铁人三项的话，最后赢得胜利的，还是气宗，因为气宗练的就是心态——气定神闲，最初呢，败不馁，等到练成之后，自然由多年的败而练就了胜不骄。岳不群的败，就败在他那个心态上，耐不下心，等不下时日，容不下人，熬不住寂寞，还想走捷径。结果呢，剑走偏锋、走火入魔。我们这个城市呀，很多人因为忍不住世人皆醉我独醒的痛苦，才迷失了自己的方向啊。"

张市长听出了孙书记的话外音，但并不完全认同。于是他点了点头，抛出自己的看法："也不尽然，有时候跟跄而行，那是为了走得更远，也是为了配合别人跟跄的舞步啊。"

"所有人，都是从学走正步到跳步，然后再成为武林高手的。殊不知舞跳多了，着了迷了，就会忘了走正步的步伐，不小心，一个跟头栽下去，爬都爬不起来哦。"

张市长点头微笑，抿了一口茶，只得尴尬地换了话题："来，接着下棋。"

这二人明明谈的是官场，却用金庸的武侠做比喻，既说明了事情，也展现了二人高妙的境界。

但是，也有些人打比方过于粗俗、欠雅，如同不和谐的音符，让人反感，影响交际。尤其是运用粗俗比喻对他人做出评价时，负作用更为明显。

有人在批评再次出现失误的人时，说："你是属驴的，记吃不记打！"对方一听就拧了脖子。再如，对一个贪吃的人，这样说："瞧你胖得像头猪似的，还吃，不忌口！"对方听了很不高兴。还有人拿猴子、狗熊、狗等动物做比，说明他人的缺点和不足，都属不尊重别人的具体表现。

有人对办事不灵活的人提出批评时，说："你就是个榆木疙瘩脑袋，一点灵活劲儿也没有！"还有人这样说："你是石头，没有长着嘴？为什么当时不说？"对方听了很不服气。比喻不雅，也会得罪人。

一个姑娘抹口红太浓，有人冲她说："瞧你的嘴巴和吃了死耗子似的，真吓人！"姑娘一听就火了："我喜欢，你管得着吗！"再如，老王见同事穿一件灰不溜湫的旧衣服，便说："瞧你也真会打扮。和马王堆出土的古尸差不多，没有一点鲜亮劲儿！"对方一听就没有好脸色，反诘道："谁有你会穿？花里胡哨的，像个狐狸精！"闹得彼此都不愉快。

从上面几例不难看出，当人们使用不雅事物做比，用于表达否定的意向时，因其刺激性很大，易于伤人自尊。即使彼此之间关系较为密切，对方心里也会不高兴。因此，在社交口语中，我们应杜绝粗俗欠雅的比喻。

◎ 逆向说服，请将不成就激将

所谓"树怕剥皮，人怕激气"，激将是说服他人时常用的一种"计巧"，是指说服者巧妙利用对方的自尊心及逆反心理，以"刺激"唤醒被说服者的不服输心里，令他去做一些平时不会做的事情，借以达到自己的预期目的。

某橡胶厂（甲方）进口了一整套价值 200 万元现代化胶鞋生产设备，由于原料与技术力量跟不上，搁置了 4 年无法使用。后来，新任厂长决定将这套生产设备转卖给另一家橡胶厂（乙方）。

正式谈判前，甲方了解到乙方两个重要情况：一是该厂经济实力雄厚，但基本上都投入了再生产，要马上腾挪 200 万元添置设备，困难很大。二是该厂厂长年轻好胜，几乎在任何情况下都不甘示弱，甚至经常以拿破仑自诩。

对对方的情况有所了解后，甲方厂长决定亲自与乙方厂长进行谈判。

甲方厂长："昨天在贵厂转了一整天，详细了解了贵厂的生产情况。

你们的管理水平确实令人信服。你年轻有为，能力非凡，真让我钦佩。"

乙方厂长："哪里哪里，老兄过奖了！我年轻无知，恳切希望得到老兄的指教！"

甲方厂长："我向来不奉承人，实事求是嘛。贵厂今天办得好，我就说好；明天办得不好，我就会说不好。"

乙方厂长："老兄对我厂的设备印象如何？听说您打算将贵厂进口的那套现代化胶鞋生产设备转卖给我们？"

甲方厂长："贵厂现有生产设备，在国内看是可以的，至少三五年之内不会有什么大问题。关于转卖设备之事，尚有两个疑问：第一，不知贵厂是否有经济实力购买这样的设备；第二，即使有能力购买，贵厂也未必有能力招聘到管理、操作这套设备的技术人才。"

乙方厂长听到这些，顿觉受到了甲方厂长的轻视，十分不悦。于是，他用炫耀的口吻向甲方厂长介绍了自己的经济实力和技术力量，表明自己有能力购进并操作管理这套价值 200 万元的设备。经过一番周旋，甲方成功地将闲置了 4 年的设备转卖给了乙方。

说到底，人是感情的动物，人的行为不仅受理智的支配，也同样受感情的驱使，激将就是要用话使别人放弃理智，凭一时的感情冲动去行事。所以，激将最适合在那些经验较少，容易感情用事的对象身上使用。

激将法位列"三十六计"第 7 位，在现实生活中一直被广为应用。例如，教练常用激将法激励队员奋进，或是激怒对手使其陷入犯规战术；父母常用激将法引导孩子，使其朝着正确的方向发展；老板常用激将法激起员工的斗志或"诱导"下属进入自己的"圈套"等。

艾尔·史密斯在担任纽约州州长时，辖区内的"星星监狱"成了一大挠头问题。这座监狱非常难以管理，经常发生斗殴、骚乱之事。星星监狱的几任监狱长不是主动提出辞职，就是因"渎职"丢了饭碗，史密斯想寻求一位有能力的助手，帮助自己改善监狱的现状。但是，这很难办，因为没有人愿意去啃这块难啃的骨头。

经过一番了解，史密斯最后盯上了一个叫刘易斯的"干将"，这名干将性格刚强，意志坚定，而且人高马大颇有气势，或许只有他才能将那些犯人管得服服帖帖。

史密斯叫来刘易斯，开门见山地说道："我打算让你去做星星监狱的监狱长，你看如何？"星星监狱臭名昭著，刘易斯知道，这座监狱的监狱长有的刚干不到一个月就被迫辞职，有的因事被免职，更有甚者甚至就死在任上，这显然不是一个好差事。对此，刘易斯感到有些踌躇，他不知该如何回答州长才好。

史密斯看出了刘易斯的犹豫，于是微笑着说道："看得出来，你是有些害怕了对不对？这很正常，我不责怪你，谁都知道那是一个出了名难管的监狱。想做这座监狱的监狱长，没有一定的胆量，没有强韧的意志是绝对不行的，那里需要一个男子汉。"

如果再推脱，岂不是承认自己胆小怕事，承认自己不是男子汉？这可关系到一个人的名誉问题。于是刘易斯决定接受州长的委派，前往星星监狱就职。后来，刘易斯果然不负史密斯所望，成为星星监狱狱史上最有声望、最有名气的监狱长，根据其故事改编的电影剧本就有数十个之多。

在这里，史密斯州长便动用智谋，实施了激将之法，从而成功说服刘易斯接受自己的要求，并取得了很好的效果。

常言说"请将不如激将"，我们在与人交往的过程中，不妨设法借助感情的力量，调动对方的积极性，让对方心甘情愿地为自己"服务"。需要强调的是，激将法使用的是一种逆向的说服对方的方法，需要较高的技巧，运用时需要注意以下几个方面：

（1）使用激将法应以尊重对方人格尊严为前提，切忌以隐私、生理缺陷等为内容贬低对方。如果是在商务谈判中，那么选择"能力大小""权力高低""信誉好坏"等去激对手，往往能取得较理想的效果。

（2）使用激将法要掌握一个度，没有一定的度，激将法收不到应有的效果，超过限度，不仅不能使谈话朝预期的方向发展，还可能产生消极的后果，使彼此产生隔阂和误会。比如，在诸葛亮智激黄忠中，如果在黄忠当众立下军令状后诸葛亮仍然以语相激，对黄忠的实力表示不信任，很可能会使黄忠认为诸葛亮根本看不起他，两人会由此产生误会。

（3）激而无形、不露声色往往能使对方不知不觉地朝自己的预期方向发展。如果激将法使用得太露骨，被对方识破，不仅达不到预期效果，还会使自己处于被动地位，而且可能被高明的人所利用，反入他人圈套。

（4）激将是用语言，而不是态度。用语要切合对方特点，切合追求目标，态度要和气友善，态度蛮横不能达到激将的目的，只能激怒对方。

当然，想成为一个拥有"话语权"的人，不但要善于使用激将技巧，而且要善于识破激将法，在人际交往中沉着应付，不为对方所激。

第五课 语言感染性：
培养富有魅力而令人愉悦的不凡谈吐

话语权最重要的是以情感人，没有感情的语言苍白无力。当然，感情不可能凭空产生，感情来源于平时的经历和积累。没有丰富人生情感经历的演员不可能成为出色的演员，同样，没有丰富情感经历的人不可能有丰富的情感语言，所以，一定要注意加强个人的感情积累。

◎ 用心说话才能赢得人心

说话要争取获得别人的好感，这一点非常重要，当然这并不是要一味地去阿谀奉承别人，而是根据对方的情况，有的放矢地去说，以达到说话交际的积极目的。

殷丽娜是一个专门推销婴幼儿辅食的推销员，她此次的任务是要拿下本市最大的商场的订单。于是，她找到了商场负责人卢方经理。

见面后，殷丽娜说："卢经理，我其实经常来你们商场，作为本市最大的专业食品商店，贵商场高雅的店堂布局，琳琅满目的国内外品牌食品，井然有序的工作流程，亲切、到位的服务态度，都让顾客能够获得非常好的身心体验。看得出来，您为此花费了不少心血，可敬可佩！"

听了殷丽娜这一番评价，卢经理不由得连声说："谢谢！谢谢！我们做得还不够，请多多指教，请多多指教！"嘴上这样说，他心里却是美滋滋的。当然，殷丽娜这次的任务也完成得非常出色。

"傻瓜用嘴说话，聪明人用脑说话，智慧人用心说话。"如果说话时不经过大脑，那就是个地道的"傻瓜"；说话前经过一番思考，那是聪明人；既经过大脑思考，且又发自内心，这是说话的最高层次。

然而现实生活中，很多人说话过于随意，不管别人的感受如何，只顾自己说得痛快，这是不会说话的一种典型的表现形式。要想让自己成为一个受欢迎的人，必须学会用"心"去说话，而不是单纯地用嘴说话，这样才能博得对方的好感。以下是几条如何博得对方好感的说话技巧：

1. 多提一些善意的建议

当他人关心自己时，只要这份关心不会伤到自己，一般人往往不会拒绝。尤其是能满足自尊心的关怀，往往能立即转化为对关怀者的好感。

满足他人自尊心最佳的方法就是善意的建议。对方是女性时，仅说"你的发型很美"，只不过是句单纯的赞美词；若是说"稍微剪短点，看起来会更可爱"，对方定能感受到你对自己的关心。若是能不断地表示出此种关心，对方对你必然感觉更加亲切和信任。

2. 偶尔暴露自己一两个小缺点

暴露的缺点只要一两个就可以了，可使他人难以将这一两个缺点和其他部分联想在一起，因而产生其他部分毫无缺点的感觉。"这个人有点小缺点，但是其他方面挑不出毛病来，是个相当不错的人！"类似上述的想法就能深深植入他人的心中。

3. 要记住对方所说的话

某位心理学家应邀至某地演讲时，不料主办者之一却问他："请问先生的专长是什么？"他颇为不高兴地回答："你请我来演讲，还问我的专长是什么？"

招待他人或是主动邀约他人见面，事先多少都应该先收集对方的资料，此乃一种礼貌。换句话说，表现自己相当关心对方，必然能赢得对方的好感。

记住对方说过的话，事后再提出来做话题，也是表示关心的做法之一。尤其是兴趣、嗜好、梦想等事，对对方来说，是最重要、最有趣的事情，一旦提出来作为话题，对方一定会觉得很愉快。在面试时，不妨引用主考官说过的话，定能使主考官对你另眼相看。

4. 及时发觉对方微小的变化

一般做丈夫的都不擅长对妻子表达自己的关心。比方说，妻子上美容院改变发型后，明明觉得"看起来年轻多了"，却不说出口。因而使妻子心里不满，觉得丈夫不关心自己。

不论是谁，都渴求拥有他人的关心，而对于关心自己的人，一般都具有好感。因而，若想获得对方的好感，首先必须先积极地表示出自己的关心。只要一发现对方的服装或使用物品有些微小的改变，不要吝惜你的言词，立即告诉对方。例如：同事打了条新领带时，你说："新领带吧！在哪儿买的？"像这样表示自己的关心，绝没有人会因此觉得不高兴。

另外，指出对方与往日不同的变化时，愈是细微、不轻易发现的变化，愈易使对方高兴。不仅使对方感受到你的细心也感受到你的关怀，转瞬间，你们之间的关系就会远比以前更亲密可信。

5. 呼叫对方名字

欧美人在说话时，常说："来杯咖啡好吗，史密斯先生？""关于这一点，你的想法如何，史密斯先生？"频频将对方的名字挂在嘴边。令人不可思议的是，此种作风往往使对方涌起一股亲密感，宛如彼此早已相交多年。其中一个原因就是，他感受到对方已经认可自己了。

在我们的社会里，晚辈直接呼叫长辈的名字，是种不礼貌的行为。但是，借着频频呼叫对方的名字，来增进彼此的亲密感，并不是百无一利的方法啊！

6. 提供对方关心的"情报"

有个人有个奇怪的习惯，总是在他人名片的背面写上密密麻麻的记事。与其说他是为了整理人际资料或是不忘记对方，倒不如说是为了下一次见面做准备。也就是说，将对方感兴趣的事物记录下来，再度见面时，自己就可提供对方关心的情报作为礼物。

即使只是见过一次面的人，若能记住对方的兴趣，比方说是钓鱼，在第二次、第三次见面时，不断地提供这方面的知识或是趣事，借此显示自己对于对方的兴趣很关心，必然使对方产生很大的好感。

◎ 以势压人不如以情理服人

说服不只是一种理性推论，更重要的是一种心理互动过程，这个过程的进展综合了知、情、意诸因素。

一般来说，影响对方情绪的因素有：一是说话前对方因其他事所造成的心绪不宁；二是对对方的态度和看法。所以在进行说服前，要设法了解对方当时思想动态和情绪，这对说服效果，是个重要的环节。

某市剧场门前不许设小摊，唯有一位年近六旬的老妇人例外，用剧场管理人员的话说："老太太年岁大，嘴又厉害，不好对付。"某日，市里要检查市容与卫生，剧场管理人员要老太太把摊子拆了，老太太大声嚷道："天天都让卖，今天却不许卖，难道世道变了吗？"

"世道没变，检查团又来了，影响市容要罚款的。"管理人员加重了语气。

"市容关我屁事！"老太太干脆利索地结束了对话。

管理人员无计可施，只好悻悻而退，这时分管这一片的经理走了过来，哈哈一笑说："您一大把年纪，没早没晚的，又能挣几个钱呢，检查团来了，真要罚了你，您还能打场官司不成？再说，检查团不会天天来，饭可是要天天吃，生意可是要天天做的呀。"

老太太一听，这分明是在为她着想，立刻收拾起摊子离开了，显然，劝说的方式不同，结果也就两样。

由于说服的对抗性特征，或多或少地会给受劝人带来心理上受胁迫的感觉，产生冷漠、反感等抵触情绪或逆反心理。

因此，以理服人虽说是说服的基本方法，但仅仅有"理"不一定能服人，还需辅之以"情"，用"情"来填补对方自尊的"空洞"，平衡对方的挫折心理，拉近与对方的情感距离，情通后理达。

以势压人不如以理服人，以理服人又不如以情动人。

因此，人们在进行说服工作时，一定要注意这样的事情，有时一个人坚持一种想法，绝不是偶然的，他必定有自己的理由，而且他讲的道理一般都符合集体的利益或人之常情。但这常常不是他的真实想法，他的真实想法怕拿出来被人瞧不起，难于启齿。如果人们能真正了解对方的"苦衷"，就能有针对性地加以解决。

◎ 言行间给人被温暖的感觉

平常我们会说很多废话，这更容易使我们产生错觉：说话嘛，有什么重要的，小事一桩。事实上，这是因为你没有尝试多说一些关心他人的话，一旦这种关心被他人真切地感受到，情况会大不一样。

就是由于对别人的事情同样强烈地感兴趣，使得查尔斯·伊里特博士变成有史以来最成功的一位大学校长。他当哈佛大学的校长，从南北战争结束一直到第一次世界大战的前五年。下面是伊斯特博士做事方式的一个例子：有一天，一名大学一年级的学生克兰顿到校长室去借50美元的学生贷款，这笔贷款获准了。下面是这位学生后来在一篇文章中的叙述——"伊斯特校长说，请再坐会儿。然后他令我惊奇地说：听说你在自己的房间里亲手做饭吃。我并不认为这坏到哪里去，如果你所吃的食物是适当的，而且分量足够的话。我在念大学的时候，也这样做过。你做过牛肉狮子头没有？如果牛肉煮得够烂的话，就是一道很好的菜，因为一点也不会浪费。当年我就是这么煮的。接着，他告诉我如何选择牛肉，如何用文火去煮，然后如何切碎，用锅子压成一团，冷后再吃。"

还有一件同样的事，一个似乎一点都不重要的人，却帮了新泽西强森公司的业务代表爱德华·西凯的忙，使得他重新获得了一位代理商。"许多年前"，他回忆说，"在马萨诸塞地区，我为强森公司拜访了一位客户。这个经销商在音姆的杂货店。每次到店里去，我总是先和卖冷饮的店员谈几分钟的话，然后再跟店主谈订单的事。有一天，我正要跟一位店主谈，但他要我别烦他，他不想再买强森的产品了。因为他觉得强森公司都把活动集中在食品和折扣商品上，而对他们这种小杂货店造成了伤害。我夹着尾巴跑了，然后到城里逛了几小时。后来，我决定再回去，至少要跟他解释一下我们的立场。"

"在我回去时，我跟平常一样跟卖冷饮的店员都打了招呼。当我走向店主时，他向我笑了笑并欢迎我回去。之后，他又给了我比平常多两倍的订单，我很惊讶地望着他，问他我刚走的几小时中发生了什么事。他指着在冷饮机旁边的那个年轻人说，我走了之后，这个年轻人说：很少有推销员像你这样，到店里来还会费事地跟他和其他人打招呼。他跟店主说，假如有人值得与他做生意的话，那就是我了。他觉得也对，于是就继续做我的主顾。我永远都不会忘记，真心地对别人产生点兴趣，会是推销员最重要的品格——对任何人都是一样，至少以这件事来说是如此。"

一个人要是对别人真诚地感兴趣的话，哪怕你一句极平常的话也可以从即使是极忙碌的人那儿得到关注、时间和合作。

◎ 让对方感受到你在替他着想

玛丽是自行车行里的一位年轻的促销员。一天，有一对夫妇带着孩子来车行看车。玛丽热情地接待了他们。当然，玛丽极少说话，只是请他们自己慢慢地看。

最后，这对夫妇选中了某种型号的车子，但他们嫌这辆车比其他品质相近的车子贵了 50 元。细心的玛丽看到这种情况，便做了如下的介绍："你们的这种感觉我同样也有，只是以后你们就会发现，这 50 元是你们花得最值的部分。因为这辆车有一个非常好的名字，叫作请您放心，它有一个很好的刹车器，经久耐用，方便简单，更为重要的是，它安全可靠。"

当看到夫妇俩点头认同，玛丽继续说："太太，您的小孩骑自行车，您最担心的是什么？应该是安全问题吧？多花 50 元买一个安全，您难道不觉得很值得吗？而且这辆车，您的孩子至少可以使用五年，五年才多花了 50 元，每天多了不到 1 分钱。您还有顾虑吗？"

这对夫妇听后也觉得玛丽说得非常对，便买下了那辆自行车。

当你一再强调，产品能为对方带来什么好处时，对方一般都会感动的。当然，我们首先要做的是，认真观察和了解顾客比较关心的是什么。你八成的精力和说话内容最好都落在对方关注的需求上。

无论是什么情况，要获得对方的认同，就必须首先要为对方着想，关怀对方的利益，关注对方的兴趣。

英国皮鞋厂的一位推销员曾多次拜访伦敦的一家皮鞋店，但其拜会老板的请求都被鞋店老板拒绝了。

这天，他又来到了这家鞋店，口袋里装着一份报纸，报纸上刊登着一则关于变更鞋业税收管理办法的消息。推销员认为这则消息有利于帮助店家节省很多费用，因此就希望带给皮鞋店老板，让其看看。

当他来到鞋店前时，就大声地对鞋店的一位售货员说："请您转告您的老板，说我有路子让他发财，不但可以让他大大减少订货费用，还可以本利双双赚大钱呢。"

很快，老板同意接受他的拜会。

当你能够帮助顾客的生意，为其提供有价值的信息时，顾客不可能不为你的生意着想。当你不仅仅是推销员，还是对方的顾问时，他们获得了由你提供的可靠消息后，你的生意必定不会有了一笔之后，从此就再也没有下文了。

不管是在生意场中还是在生活中，只要你能在言谈话语间表现出你对他人真诚的关怀，你就能收到最佳的说话效果，达到你说话的目的。

◎ 真诚的语言是交际成功的妙诀

说话的魅力并不在于说得多么流利，多么滔滔不绝，而是在于是否善于表达真诚。善于在言谈话语间表达出自己的真诚的人，能够把自己的心意传递给听者，使听者达到情感上的共鸣，从而打动听者的心；而流畅但缺乏诚意的话语，就像没有生命力的绢花一样，虽然美丽但不鲜活。

有一位老师写了一本"思想政治工作方法"的书，出版社没有给他稿费，而是让他自行推销一千册作为报酬。对那位老师来说，这远比讲课要难得多。

为了把书推销出去，他在学员队搞了一次演讲，他说："当老师的在这里推销自己写的书，总不免有些尴尬。不过，如今作者也很难，写了书，还得卖书。出版社一下压给我一千册，稿费一文没有，所以我不推销不行。这本书写得怎样，我自己不好评说。不过有两点可以保证：第一，这本书是我用三年时间完成的，是我心血的结晶；第二，书的内容绝不是东拼西凑抄下来的，是我自己长期思考的见解。前不久，这本书被思想政治工作研究会评为社科类图书的二等奖，这是获奖证书。说实话，对于我们这些教书匠来说，搞推销比写书还觉得难，只是硬着头皮来找大家帮忙。不过，买不买完全自愿，绝不强迫。如果觉得这本书对你有用，你又有财力就买一本，算是帮我一个忙。谢谢。"他的这次演讲立即产生了效果，一次就卖掉了三百多册。

这位教员不是专职推销员，但是他却获得了成功。从某种意义上说，他的成功就在于他恰到好处地表达了自己的真诚，赢得了听众的信赖。这再一次说明，在讲话中学会表达真诚要比单纯追求流畅和精彩更重要。

真诚的态度是成功的交际者的妙诀，也是演说者和听众融为一体、在情感上达到高度一致、在情绪上引起强烈共鸣的妙诀。那种把自己看作是凌驾他人之上的布道者，或自视为高人一等的儒士、学者，开口就是"我要求你们""大家必须""我们应该"这类的命令式词句，或用满口堂而皇之的言辞掩饰自己的真情，听众是绝对反感的。所以，当你说话时，不要忘记满怀真情实感。

◎ 用你的幽默带给别人欢乐

一位哲人说过：幽默是我们最亲爱的伙伴。我们的生活需要幽默，我们的人生需要幽默，一个健全的社会更不能没有幽默。没有了幽默，生活将会变得单调而缺乏色彩，岁月将会变得枯寂、干涸。幽默给予我们的是源源不断的甘泉，它滋养着我们的心灵，润饰着我们的生活。它使我们在黑暗中看到光明，在绝境中看到希望，它是寒冬里的一盆炉火，它是窘迫时的一个笑容……幽默美妙而又神奇。

幽默到底是什么？是欢笑、娱乐、快感？是荒诞、滑稽、诙谐？是揶揄、嘲弄、戏谑？这些都与幽默有关，都能在一定的条件下引发幽默感，但它们又都不能等同于幽默。那么幽默是什么呢？这个问题难倒了古往今来许多大哲学家和思想家。无怪乎有人说，幽默像太平洋百慕大三角区那样神秘，像达·芬奇笔下蒙娜丽莎的笑容那样微妙，像数学领域中哥德巴赫猜想那样深奥。

我们在个人生活中，总是不断地、交替地扮演着主人和客人的角色，因此我们有可能要去应付不合理的要求、令人不快的行为或者闹得不像话的场面。

这样说来，幽默的确是调节人们感情和情绪的"润滑油"。

有一次，著名作家马克·吐温在法国旅行，在去迪照恩的火车上，他十分困倦，打算睡上一觉。因此，他请求列车员在火车到迪照恩时把他叫醒。

他首先解释说他是一个非常嗜睡的人："当你叫醒我时，我可能会大声抗议。"他对列车员说，"不过，无论如何只要把我弄下车去就行了。"

于是，马克·吐温睡着了。

当马克·吐温醒来的时候，已经是深夜，并且火车已经到了巴黎。他立刻意识到列车员在迪照恩时忘记把他叫醒了，他非常生气。

他跑向列车员并冲他大声嚷道："我一生从来没生过这样的气，也没有发过这样大的火。"

列车员平静地看看他说："你的火气还没有我在迪照恩推下去的那个美国人的一半大呢！"

列车员的幽默，让我们在快乐中原谅了他的粗心大意。难怪有人认为："男人情愿承认自己犯了叛国罪、谋杀罪、纵火罪，装了假牙，戴了假发，也不愿意承认自己缺乏幽默感。"甚至有人认为："对于一个有幽默感和两条腿的人来说，如果不能两全，最好是失去一条腿。"

可见，幽默在文明社会中已经成为人们精神生活的一个重要方面。越来越多的人在谈论幽默和探讨幽默、使用幽默、感受幽默。

幽默是口才的极高技巧，它使口才艺术的运用尽显奥妙，它使人际交往变得神奇无比。学习一点幽默口才会让你的沟通变得更为畅通无阻。那么，如何才能让自己说的话更具幽默感呢？

我们需要记住以下两个原则：

（1）幽默必须真实而自然

我们经常看到和听到一些政治家们的幽默言行。他们大多把幽默的力量运用得十分自如，真实而自然。没有耸人听闻，也不哗众取宠，更不是做戏。这是因为，他们都知道太精于说妙语和笑话，对个人的形象并无帮助。

（2）敢笑自己的人才有权力开别人的玩笑

海利·福斯第说："笑的金科玉律是，不论你想笑别人怎样，先笑你自己。"

笑自己的观念、遭遇、缺点乃至失误，有时候，还要笑笑自己的狼狈处境。

有个人对一位公司董事长颇为反感，在一次公司职员聚会上，他突然问董事长："先生，你刚才那么得意，是不是因为当了公司董事长？"

这位董事长立刻回答说："是的，我得意是因为我当了董事长。这样我就可以实现从前的梦想，亲一亲董事长夫人的芳容。"

董事长敏捷地接过对方取笑自己的目标，让它对准自己，于是他获得了一片笑声，连那位发难的人也忍不住笑了。

此外，如果你对自己幽默的手法没有足够的自信，不妨学学孩子式的幽默。即使在 50 岁以后，我们也经常为孩子们由天真而产生的幽默所感动。他们是真正地以坦诚待人，不会隐瞒任何事实。当他们毫不掩饰地道出心里想的或事实真相时，人们一下子就喜欢上了他们，跟他们在一起会感到跟任何人在一起都无法感到的轻松、愉快。

有一次，李卡克在家里请几位朋友吃饭。朋友来了，他妻子要他的小女儿向客人说几句欢迎的话。她不愿意，说："我不知道要说些什么话。"这时一位来做客的朋友建议道："你听到妈妈说什么，你就说什么好了。"他女儿点点头，说："老天！我为什么要花钱请客？我们的钱都流到哪儿去了？"李卡克的朋友们大笑起来，连他的妻子也不好意思地笑了。

这就是孩子式的幽默。他女儿把母亲的想法以极纯真的方式说了出来，使大人们也不得不认真地检讨一下自己的想法，同时也减轻了我们对金钱方面的忧虑。李卡克从中得到了一点启示：孩子式的幽默能使我们显得格外真诚。

◎ 幽默回击，化干戈为风趣诙谐

幽默可以使人在受气时，以轻松诙谐的方式，理智地回击对方。人们在受气时往往头脑发热失去冷静，反击方式往往也是硬邦邦的出言不逊，结果使僵局更僵。幽默则可以使人在处境困难时放松自己，以巧妙的语言体面地给对方以反击，收到既缓和气氛又恰如其分地反击的双重效果。

调皮式的幽默，往往化干戈为玉帛，使事态向良好的方向发展。这种反击方式，不是针锋相对，剑拔弩张，而是轻松谐趣，话语中透着善良、真诚和理解。言语心传，双方会意，在哈哈一笑中皆大欢喜。反击变成了逗笑，唇枪舌剑之争就巧妙躲过。因此，幽默是一种与人为善的积极反击方式。

冬季的北京寒气袭人，各家商店门口都挂着厚重的棉帘子。由于进出者一里一外，相互看不见，如果两人同时掀棉帘子，相撞之事自然在所难免。一天，一位小伙子正掀棉帘子准备进去，恰好里面一位姑娘也在掀棉帘子准备出来，同时迈出了脚。姑娘一脚踩在小伙子鞋上，冷不防打了个趔趄，不禁哎哟一声惊叫。小伙子忙伸手扶住并说了一声对不起，让开了道，让姑娘先出来。姑娘出门后，看了小伙子一眼，说："你是怎么走路的！"咄咄逼人的责问令小伙子一时语塞。在门口踩脚本来双方都有责任，自己已友好地道歉了姑娘还不放过，小伙子也有些急了。但他转念一想，人家是斯斯文文的女孩，踩了小伙子的脚已有些不好意思，何况又在众目睽睽中被他扶住，更是不好意思。只是姑娘因自己的失态心中恼火，便不经意地把气撒到了这位"肇事者"身上。如此一想，顿时怒气全消，笑着说道："对不起，我是用脚走路的，刚才吓着您了。"姑娘一愣，随即扑哧一笑，"你这个人说话真逗，这不能怪你，主要是我没看见，脚也伸得快了一点，对不起踩了你。"小伙子对姑娘的反击，完全是友好的。人用脚走路是正常的，怎么会吓着别人？小伙子以自己的幽默，巧妙地告诉姑娘，是我的脚害了你，暗示自己对她的理解和尊重。姑娘由责问到道歉，一场口舌之争得以避免，全靠了小伙子善意的幽默。

先承后转，在自我打趣中暗藏机锋，令对方猝不及防。这种方法往往用于一些不适宜顶撞的场合或人。有时候，我们会置身于一种这样的尴尬境地：对方有意或无意地伤害了你，但对方是一位领导，你虽然受了气面子上还得过的去。或者，碍于你的身份、地位，不宜直截了当地予以驳斥，但心中的确又非常不满。这时，不妨先以漫不经心、自我解嘲的口吻说几句顺着对方思路的话。最后话锋一转，得出一个令对方大出意外的结论。既活跃了气氛，又缓解了尴尬。这种方式，一波三折，很有攻击力量，让对方措手不及，又不失自己或对方的面子。对方最后只能干笑两声了之。

萧伯纳的著名剧作《武器与人》初次演出大获成功。应观众的热烈要求，萧伯纳来到台前谢幕。此时，却从座位里冒出一声高喊："糟透了！"整个剧场立刻鸦雀无声，空气似乎凝固了一般。面对这种无礼的行为和紧张的局面，萧伯纳微笑着对那人鞠了一躬，彬彬有礼地说道："我的朋友，我同意你的意见。"他耸了耸肩，看了看刚才正热烈喝彩的其他观众说："但是，我们俩反对那么多观众又有什么用呢？"顿时，观众中爆发出了更为热烈的掌握和喝彩声。在这种情况下，对对方无礼的行为予以必要的回击，既是维护自己尊严的需要，也是讽刺对方、批判错误的正当行为。但怒气冲冲地回击和辩论都不可取，最理想的方法是幽默地回敬。萧伯纳的话语温文尔雅，表面看来似乎是对对方表示理解，细细体味一下，则是一种强有力的反击。

总之，幽默作为化解自己受气局面的积极反击方式，其根本特征就是具有准确的行为界限。它的有效性就在于能够根据周围环境，预测自己的行为后果，据此确定自己反击的方式和反击的分寸，使之有礼、有节。

|第三篇|

面面俱到，在生活中
做个说话有分量的人

言为心声，舌战便是心战，语言能征服世界上最复杂的东西——人心。通过语言，我们影响着听众，甚至主宰听众的判断和决定。语言唤起情绪，也常常是我们影响别人的方式。而借助语言的这种影响力，在社会活动中，进一步融洽人际关系，为彼此共同的生活、工作创造良好的人际环境，想必是每一个人都梦寐以求的。

第一课 处事话语权：

滴水不漏，掌握人际交往主动性

一个人说话的水平，可以决定他的社会层次。说话水平高的人，谈吐隽永，言辞得体，可以"天机去锦为我用"，"良言一句三冬暖"。这样的人，往往容易被人尊重，受人欢迎，能赢得他人的友谊、信任、支持和帮助，也容易获得成功。

◎ 说话多绕个弯子，少碰个钉子

我们每个人都有着自己一系列的观点与看法，它支撑着我们的自信，是我们思考的结果。无论是谁，遭到别人直言不讳的反对，尤其是当受到激烈言辞的迎头痛击时，都会产生敌意，导致不快、反感、厌恶乃至愤怒和仇恨。这时，我们会感到，气窜两肋，肝火上升，血管暴涨，心跳加快，全身处于一种高度紧张的状态，时刻准备做出反击。实际上，这种生理反应正是心理反应的外化，是人类最本能的自我保护机制的反映。

迂回地表达你的建议，可避免直接的冲撞，减少摩擦，使人们更愿意考虑你的观点，而不被情绪所左右。这样，他们才有可能接受你的建议。

吴彩霞做公交车售票员有十几年了，无论是乘客还是单位领导都对她交口称赞，因为她无论遇到什么情况，从来没有情绪失控过，她的嗓音永远是舒缓优美的，语气永远是柔和亲切的，措辞永远是含蓄婉转的，让人听着就舒服，不由自主地被她所感染。

那天早上，因为是上班高峰期，车上非常拥挤。公交车进站以后，又上来一位抱着小孩的年轻妇女。吴彩霞像往常一样提醒乘客："哪位年轻的同志给这位抱小孩的女士让个座？谢谢大家了。"也许是因为车厢太挤了，她连喊两次也没有人响应。

吴彩霞站了起来，用期待的目光看了看坐在"老幼病残孕"座位上的几位青年乘客，她提高嗓音说："抱小孩的女同志，请您尽量往里走，窗口的几位小伙子都想给您让座儿，可您得先过去。"

话音刚落，几个小伙子不约而同站了起来。那位女士坐定以后，只顾喘气定神，忘了对让座人道谢，小伙子略显不悦。

吴彩霞看在眼里，不动声色地逗着小孩说："小朋友，这位叔叔给你让了座，你应该说什么啊？"一语提醒了那位女士，她连忙拉着孩子说："快，谢谢叔叔。"小青年连忙摆手，笑着说："不客气，应该的。"

曲言婉辞是聪明人常用的一种讲话策略，即在讲话时分时间、看场合，不直陈本意，而是用婉转的用词加以烘托或暗示。由于给人留了回旋的余地，因而就更有吸引力、说服力和感染力，自然也更容易让对方接受。

而过于直接地提出某些建议，则会使他人自尊心受损，大跌脸面。因为这种方式使得问题与问题、人与人面对面地站到了一起，除了正视彼此以外，已没有任何回旋的余地，而且，这种方式最容易形成心理上的不安全感和对立情绪。你的反对性意见犹如兵临城下，直指上级的观点或方案，怎么会使他人不感到难堪呢？尤其是在众人面前，他人面对这种已形成挑战之势的意见别无选择，他只有痛击你，把你打败，才能维护自己的尊严与权威，而问题的合理性与否，早就被抛至九霄云外了，谁还有暇去追究、探索其中的道理呢？

其实，我们会发现，通过间接的途径表达自己的意见反而更容易被人接受，这大概就是古人以迂为直的奥妙所在吧！

原因其实很简单，间接的方法很容易使你摆脱其中的各种利害关系，淡化矛盾或转移焦点，从而减少他人对你的敌意。在心绪正常的情况下，理智占了上风，他自然会认真地考虑你的意见，不至于先入为主地将你的意见一棒子打死。

每个人都有自尊心，有些问题不必采用直接的方式，相反，采用间接的方法来指出问题，有时效果反而会更好。

事实上，通过迂回的办法去表达自己的意见，并力求使他人改变主张，仍然是十分奏效的方法。你无须过多的言辞，无须撕破脸面，更无须牺牲自己，就可以说服他人接受你的意见。

◎ 以肯定的方式开始你的话题

说话时以肯定开头是一种非常简单的技巧，但是被许多人忽略了，一般看来，人若一开始采取反对的态度，往往很快就会激化矛盾。激烈派的人与保守派的人在一起时，必然马上使对方愤怒起来。而事实上，这又有什么好处呢？他如果只是希望得到一种快感，也许还可以原谅。但假如他要实现什么，他在心理方面就太愚笨了。

懂得说话的人都在一开始就得到一些"是的"反应，接着就把听众心理导入肯定的方向。就好像打撞球的运动，从一个方向打击，它就偏向一方；要使它能够反弹回来，必须花更大的力量。

以肯定开头的谈话方式，使得纽约市格林威治储蓄银行的职员詹姆斯·艾伯森挽回了一名主顾，否则就失去他了。

那个人进来要开一个户头，艾森先生就给他一些平常表格让他填。有些问题他心甘情愿地回答了，但有些他则拒绝回答。

若是前些年，艾伯森一定会对那个人说：如果他拒绝对银行透露那些资料，就不让他开户头。当然，像那种断然的方法，会使他觉得痛快。因为他表现出了谁是老板，也表现出了银行的规矩不容破坏。但那种态度，当然不能让一个进来开户头的人有一种受欢迎和受重视的感觉。

那天早上，艾伯森决定采取一点实用的普通常识。决定不谈论银行所要的，而谈论对方所要的。最重要的，他决意在一开始就使他说"是，是"。因此，艾伯森对他说，他拒绝透露的那些资料，并不是绝对必要的。然后，艾伯森又继续说，请不要介意，把最亲近的亲属名字告诉银行，是一种很好的方法，万一你出意外了，银行就能正确并不耽搁地实现你的愿望。

那位年轻人的态度软化下来，当他发现银行需要那些资料是为了他的时候，改变了态度。在离开银行之前，那位年轻人不只告诉他所有关于他自己的资料，而且还在艾伯森的建议下，开了一个信托户头，指定他母亲为受益人，而且很乐意地回答所有关于他母亲的资料。

你看，用肯定来开始谈话，一开始就让对方说"是，是"，就会使人忘掉曾经争执的事情，而乐意去做我们所建议的事。

在你表现出你认为别人的观念和感觉与你自己的观念和感觉一样重要的时候，谈话才会有融洽的气氛。

在开始谈话的时候，要让对方提出谈话的目的或方向。如果你是听者，你要以你所要听到的是什么来管制你所说的话。如果对方是听者，你接受他的观念将会鼓励他打开心胸来接受你的观念。

一切使人喜悦的艺术之中，说话的艺术占第一位，只有通过它，被习惯钝化的感官，才能获得新的乐趣。

◎ 找到对方的兴趣延伸彼此交流

在人际交往中，不少人对如何与陌生套交情，多少都有一些抵触心理，不是胆怯就是不屑，或是无从谈起。但是，我们一定要意识到，与陌生人沟通、来往是个绕不过去的坎儿、非跨不可的沟，不但要正视它，而且还要面对它，更重要的还是怎么做才能真正帮助你搞好与陌生人的关系。

有人说："经常看到别人聊天时，有说有笑的，非常开心，却不知道他们在谈论什么。我经常与人家好像没话说似的，说着说着就冷场；或者是说着不咸不淡的话，乏味极了。"相信有这种感觉的人还有很多。问题并不是因为你本身不受欢迎，人家不愿意与你聊天，是你没有找到一个聊天的切入点，才使得交谈的结果不尽如意。

一般来说，每个人都希望聊一些与自己有关或者自己感兴趣的事情。了解了这一条原则，紧紧抓住，足以使你自然地与人相谈尽欢。

李先生是一家天然食品公司的业务员。一天，他还是一如往常，把天然食品的方方面面告诉一位陌生的顾客时，对方对他说的话一点兴趣都没有。然而，当李先生正准备向对方告辞时，突然看到阳台上摆着一盆美丽的盆栽，上面种着紫色的植物。李先生于是请教对方说："好漂亮的盆栽啊！平常似乎很少见到。"

"确实很罕见。这种植物叫嘉德里亚，属于兰花的一种。它的美，在于那种优雅的风情。"陌生人从容地解释道。

"的确如此。会不会很贵呢？"李先生接着问道。

"很昂贵。这盆盆栽就要900元呢！"陌生人从容地接着说。

"什么？900元"李先生故作惊讶地问道。

李先生心里想："芦荟精也是900元，大概有希望成交。"于是他慢慢把话题转入重点："每天都要浇水吗？"

"是的，每天都要细心养育。"

"那么，这盆花也算是家中的一分子喽？"这位家庭主妇觉得李先生真是有心人，于是开始倾囊传授所有关于兰花的学问，而李先生也聚精会神地听。

过了一会儿，李先生很自然地把刚才心里所想的事情提出来："太太，您这么喜欢兰花，您一定对植物很有研究，您是一个高雅的人。同时您肯定也知道植物带给人类的种种好处，带给您温馨、健康和喜悦。我们的天然食品正是从植物里提取的精华，是纯粹的绿色食品。太太，今天就当作买一盆兰花把天然食品买下来吧！"

结果对方竟爽快地答应下来。她一边打开钱包，一边还说道："即使是我丈夫，也不愿听我唠唠叨叨讲这么多，而你却愿意听我说，甚至能够理解我这番话。希望改天再来听我谈兰花，好吗？"

戴尔·卡耐基曾经说过："要想找人办事得以成功，约有15%取决于技巧，85%取决于口才艺术。"显然，说话水平的高低，已成为一个人找人办事是否成功的关键因素，所以，在找人之前最好能够在语言上动动脑筋。

人是群居性动物，没有人不希望自己被人了解、被人认可、被人尊重，没有人可以只活在自己的世界中，不与任何人进行交流，因为只有在群体中与别人分享自己的故事或想法，人才能找到归属感。与人交谈时，倘若希望对方喜欢你或是接受你的某种要求，不妨用心找出他的兴趣所在，挑选他感兴趣的话题作为谈话的开始，这样，沟通的效果一定会更好。

◎ 投其所好，让对方跟随你的节奏

日常交往并不总是在熟人间进行，但求人办事则常常要闯入陌生人的领地。进入一个陌生的家庭环境里，要迅速打开局面，首先要寻求理想的"突破口"。

求人办事的最佳捷径，就是要投其所好。如果你能做到这一点，所说的话就可以打动人心；但如果你反其所好，就一定会招来对方的反感，令自己无功而返。

譬如，人常说：要讨母亲的欢心，莫过于赞扬她的孩子。聪明的人应该利用孩子在交际过程中充当沟通的媒介，一桩看似希望渺茫的事，经过孩子的起承转合，反倒会迎刃而解。

纽约某大银行的乔·理特奉上司指示，秘密进入某家公司进行信用调查。正巧理特认识另一家大企业公司的董事长，这位董事长很清楚该公司的行政情形，理特便亲自登门拜访。

当他进入董事长室，才坐定不久，女秘书便从门口探头对董事长说：
"很抱歉，今天我没有邮票拿给您。"

"我那 12 岁的儿子正在收集邮票，所以……"董事长不好意思地向理特解释。

接着理特便开门见山地说明来意。可是董事长却含糊其辞，一直不愿正面回答。理特见此情景，只好离去，没得到任何收获。

不久，理特突然想起那位女秘书向董事长说的话，邮票和 12 岁的儿子。同时，也联想到他服务的银行国外科每天都有许多来自世界各地的信件，有许多外国的邮票。

第二天下午，理特又去找那位董事长，告诉他是专程替他儿子送邮票来的。董事长热诚地欢迎了他。理特把邮票交给他，他面露微笑，双手接过邮票，就像得到稀世珍宝似的自言自语："我儿子一定高兴得不得了。啊！多有价值！"

董事长和理特谈了 40 分钟有关集邮的事情，又让理特看他儿子的照片。一会儿，没等理特开口，他就自动地说出了理特要知道的内幕消息，足足说了一个钟头。他不但把所知道的消息都告诉了理特，又召回部下询问，还打电话请教朋友。理特没想到区区几十张邮票竟让他圆满地完成了任务。

其实，再强硬、再难打交道的人，只要能找到他感情的软肋，事情就好办。人心都是肉长的，你的话如能让他的心窝子热乎乎的，求人办事会变成别人主动为你办事。

求人办事，尤其是有求于关系不深的人时，倘若不能利用机会，投其所好、找出话题，就很难取得沟通的成功。沟通不良，则所求之事多半是要没戏的。所以，我们在与人交谈时，一定要认真观察，仔细揣摩，抓住突破口，为自己奠定一个成功的基础。

你在办事时，如果希望人们相信你是对的，并按照你的意见行事，那首先就要了解对方喜欢什么，并投其所好，否则，你就会不可避免地遭遇失败。一般而言，老人、孩子更容易接近，也是你寻找突破口的好素材，有了"突破口"，便可以以点带面或由此及彼地发挥开去，从而实现让对方在感情上接受你的效果。

◎ 反驳的话要学会艺术地说

人生免不了人际交往，人际交往免不了争执，有争执就免不了要反驳。要驳倒别人可不是一件容易的事，反驳也是一种艺术。

英国陆军元帅蒙哥马利访华时来到古都洛阳。

一天晚饭后，我国陪同人员熊向晖和蒙哥马利到街上散步，恰巧路过一个剧场，蒙哥马利突来兴致，走了进去，熊向晖急忙跟了上去。当时，剧场正在演出豫剧《穆桂英挂帅》，翻译向他简介着剧情和唱词。中场休息时，蒙哥马利离开剧场回到宾馆，与熊向晖聊起自己的观后感，他说："这出戏不好，怎么能让女人当元帅呢？"

熊向晖解释说："这是中国的民间传奇，群众很爱看。"

蒙哥马利说："爱看女人当元帅的男人不是真正的男人；爱看女人当元帅的女人不是真正的女人。"

熊向晖回答说："中国红军就有女战士，现在解放军中就有女少将。"

蒙哥马利说："我对红军、解放军一向很敬佩，不知道还有女将，这有损解放军的声誉。"

熊向晖立即反驳说："贵国女王也是女人。按照你们的体制，女王是国家元首和全国武装部队总司令。"

蒙哥马利一怔，不说话了。

需要明确的是，我们反击的目的是调节和改善自己所处的人际关系环境，是为解决矛盾而不是扩大矛盾。这是反击有效性的重要标志。良好的口才是战胜对手的一大法宝，但良枪在手，用不好也会走火，伤人害己。因此，利用语言进行反击，必须把握反击的有效性。

掌握语言反击的度是反击有效性的决定性因素。所谓度，就是界限性。根据不受气的第一大准则，利用语言反击时，应按照自己对环境的敏锐判断，明确自己的优势和劣势，准确把握该说什么、怎样说、说到什么程度。也就是说，应根据对语言出口后可能产生的后果的准确预测，确定自己的语言界限。否则，语言不准确或不到位，则会使自己陷入被动尴尬的境地。

掌握语言反击的度，首先应具有明确的针对性，不要扩大打击面。在反击时，要抓住主要矛盾，丁就是丁，卯就是卯，而不应四面树敌，把本来可以争取的中间力量甚至朋友统统都推到与自己对立的阵营中去，使自己陷于孤立、被动的地位。

笔者曾在公共汽车上遇到过这样一件事情。在北京乘坐公共汽车时，行李超过规定标准应额外买票已是众所周知，但外地人却未必了解这一规定。一位肩扛大包的外地人上车后，因购买行李票同乘务员争执起来。他似乎也挺有道理，责问乘务员道："我坐火车走了几千里都没因行李多交费，单就你这公共汽车就该多交费？啥子道理！"一句话一下子把乘务员已到了嘴边的话给噎了回去，不知如何反驳。过了半天，她似乎自言自语道："就是这帮没素质的外地人把北京给搞乱了。"谁知，这趟从北京站开出的公共汽车上，乘客中三分之二是外地人。她这一句话如一石激起千层浪，乘客们纷纷质问乘务员："我们这些外地人难道都没买票？难道都不讲道理？这位老乡初来北京，是他不了解北京的规矩还是他故意蛮横无理？"这位乘务员依照规章制度认真履行工作职责本没有什么过错，开始时她完全受到大家的支持，但她因反击时语言的度没有把握好，才使自己一步跨入了困境当中。这是我们在进行语言反击时应吸取的教训。所以，语言反击应三思而后行，话语出口之前先掂量。否则，话语出口如覆水难收，自己会更加受气。

其次，应控制打击的力度，不要一棍子把人打死，一句话把人噎死。在大多数情况下，反击时应为对方留一点余地，掌握打击的分寸。因为大多数人都爱面子，给对方留有余地，实质上是为缓和彼此间的冲突留下了回旋的空间，也为自己留了一步台阶。否则，你把他逼进了死胡同，他别无选择只能与你对垒。结果，双方剑拔弩张，到头来两败俱伤，还是没有改变你受气的境地。这并不是我们反击的目的。然而，在生活中许多人并不能深刻理解这一道理，似乎反击得越狠越好，实际上并非如此。所以说，语言反击是一门斗争艺术。

阿伟暗恋上了佳佳，但佳佳心有他属，并不为他所动。终于到了佳佳的生日了，阿伟决定在生日会上"火"一把。在摇曳的生日烛光里，阿伟动情地唱起了"爱，爱，爱不完……"佳佳感觉阿伟在大庭广众之中令自己很难堪，但她只淡淡笑了笑，以舒缓的语调说："看不出阿伟平时不声不响，原来歌喉如此优美。我们该为将来那位有幸拥有他深情歌声的小姐祝福。"一句话，似是赞美，又似表白，于无声处给了阿伟当头一棒。但不知情者不会有任何觉察，既给阿伟留足了面子，又让自己轻松战胜了对手。

以上这两个方面，可概括为一句话：只有把握语言反击的广度和深度，才能保证语言反击的力度，有效地达到反击的目的，使自己避免受气。

在反驳时，我们还应该注意以下几个方面：

（1）当你想要驳倒对方时，除了必须理由充分，还要靠说话的技巧。你要悉心静听对方说话，摘出他话中的要点与漏洞，如果对方不曾说完，无论如何不要插嘴，面部表情也不要露出什么地方不对，什么地方赞同的表示，等他说完，有时还需问他一句，还有其他的意见吗？言多必失，让他畅所欲言，正是找寻反驳点的好机会。

（2）你开始反驳时，态度必须从容，说话必须稳当，先把他的话总括扼要地提出，问他是否是这些意思，再从他对的方面，表示适当的赞同，使他高兴。说到后来，用"但是"两字一转，逐层反驳，把轻的放在前面，重的留在后面，越说越紧，越说越硬，直到使他无法置辩。如果你要教训他几句，更要留在最后，看见他的面部表情已有感悟的表示，才好开始说教训的话。说教训的话，态度必须诚挚才显出你的善意，千万不要有斥责或讥笑的意思，免得他恼羞成怒，引起新的纷争，因为反驳者虽恃理由与技巧使他折服，但也必须动以感情使他心悦诚服。理由越是充分，反击越是强烈，语气就越要婉转。中间有时还要替他设身处地，代为表达苦衷与用意，然后随即加以反击，使他知道错误所在。有时还不妨态度激昂，接着又须和悦，春风与雷霆，相互间用，充分表示你的立场的公正，表示你的凛然难犯，表示你的富于同情。就全部反驳过程而论，都是欲抑先扬，但不要扬得过分，否则反使你的抑失去了力量，也不要抑得过分，这会使你的扬引不起他的感悟，废话是绝对要避免的，但是巧譬善喻绝不是废话，譬得越巧喻得越善，越能激起他的感悟。

（3）反驳完毕，你虽取得胜利，态度仍须谦让，使他不觉得是失败，更须丢开主题，随便谈谈，总要有说有笑，把反驳时严肃的空气尽力冲淡。争辩是一回事，交谊是一回事，争辩只限于一个事项，不要牵涉到交谊，如果彼此都是代表人身份，随时要把代表人的本身分开，不要产生有直接人身攻击的嫌疑。万一对方盛怒之下，对你进行人身攻击，你必须用和气的态度向他说明你是代表人，不是当事人。经过多方的解释必可减少误会，即使对方出口辱骂，你也要大度包涵，付之一笑。

◎ 拒绝别人，但不能使人感到尴尬

任何人都有得到别人理解与帮助的需要，任何人也都常常会收到来自别人的请求和希望，可是，在现实生活中，谁也无法做到有求必应，所以，掌握好说"不"的分寸和技巧就显得很有必要。

人都是有自尊心的，一个人有求于别人时，往往都带着惴惴不安的心理，如果一开口就说"不行"，势必会伤害对方的自尊心，引起对方强烈的反感，而如果话语中让他感觉到"不"的意思，从而委婉地拒绝对方，就能够收到良好的效果。

要拒绝、制止或反对对方的某些要求、行为时，你可以利用那个人的原因作为借口，避免与对方直接对立。比如，你的同事向你推销一套家具，而你却并不需要，这时候，你可以对对方说："这样的家具确实比较便宜，只是我也弄不清楚究竟怎样的家具更适合现代家庭，据说有些人对家具的要求是比较复杂的，我的信息也太缺乏了。"

在这种情况下，同事只好带着莫名其妙或似懂非懂的表情离去，因为他们听出了"不买"的意思，想要继续说服你什么，"更适合现代的家庭"，却是一个十分笼统而模糊的概念，这样，即使同事想组织"第二次进攻"，也因为找不到明确的目标而只好作罢。

当别人有求于你的时候，很可能是在万不得已的情况下才来请你帮忙的，其心情多半是既无奈而又感到不好意思。所以，先不要急着拒绝对方，而应该尊重对方的愿望，从头到尾认真听完对方的请求，先说一些关心、同情的话，然后再讲清实际情况，说明无法接受要求的理由。由于先说了一些让人听了产生共鸣的话，对方才能相信你所陈述的情况是真实的，相信你的拒绝是出于无奈，因而也能够理解你的。

例如有个朋友想请长假外出经商，来找某医生想让对方出具一份假的肝炎病历和报告单。对此做假行为医院早已多次明令禁止，一经查实要严肃处理。于是该医生就婉转地把他的难处讲给朋友听，最后朋友说："我一时没想那么多，经你这么一说，我也觉得这个办法不行。"

这样的拒绝，既不会影响朋友间的感情，又能体现出你的善意和坦诚。

拒绝对方，你还可以幽默轻松、委婉含蓄地表明自己的立场，那样既可以达到拒绝的目的，又可以使双方摆脱尴尬处境，活跃融洽气氛。

美国总统富兰克林·罗斯福在就任总统之前，曾在海军部担任要职。

有一次，他的一位好朋友向他打听在加勒比海一个小岛上建立潜艇基地的计划。罗斯福神秘地向四周看了看，压低声音问道："你能保密吗？""当然能。""那么"，罗斯福微笑地看着他，"我也能"。

富兰克林·罗斯福用轻松幽默的语言委婉含蓄地拒绝了对方，在朋友面前既坚持了不能泄露的原则立场，又没有使朋友陷入难堪，取得了极好的语言交际效果。以至于在罗斯福死后多年，这位朋友还能愉快地谈及这段总统轶事。相反，如果罗斯福表情严肃、义正辞严地加以拒绝，甚至心怀疑虑，认真盘问对方为什么打听这个、有什么目的、受谁指使，岂不是小题大做、有煞风景，其结果必然是两人之间的友情出现裂痕甚至危机。

其实，拒绝别人的方式有很多种，你可以给自己找个漂亮的借口，或者运用缓兵之计，当着对方的面暂时不进行答复。或者用一种模糊笼统的方式让对方从中感受到你对他的请求不感兴趣，从而收到巧妙的拒绝效果。

第二课 职场话语权：
言圆语润，说话也是一种工作技能

在职场中，话语权至关重要。你必须懂得什么该说，什么不该说，要在不同的场合都说出合适的、有份量的话，如此，才能受到上司、同事或下属的重视，为自己创造出融洽和谐的关系氛围以及上升的空间。

◎ 行走职场，这几种话你必须会说

行走职场，良好的谈吐至关重要。不论是在与上司、同事还是与下属的交流中，我们都需要注意使用一定的语言技巧，这样才能在工作中实现顺畅的沟通，营造和谐的工作气氛。所以在职场中，我们必须学会说这几种话：

（1）表现出团队精神的话

现在的企业非常强调团队精神，一个好的领导很希望他的下属能够表现出良好的团队精神。

张欣想出了一个连公司领导都赞不绝口的绝妙计划，同事张文文对此十分羡慕，心中也不免有几分嫉妒。不过她转念一想，与其板着面孔，暗自悲伤，不如替他美言几句，沾他点光。于是她就趁着领导夸奖张欣的时候，趁机说道："张欣的主意真不错！"因而也受到了领导的好评。

在职场这个群雄逐鹿、人人都想出人头地的环境里，一个不妒嫉同事的下属，会让领导感到此人心地善良，富于团队精神，因而对你另眼相看。

（2）巧言回避你不熟悉的事情

领导问你某个与业务有关的问题，而你一时不知该如何回答，千万不可说"不知道"。你不妨这样说："让我再认真地想一想，下午三点之前给您答复好吗？"这样的回答不仅暂时为你解了围，同时让领导认为你在这件事情上很用心，只是在短暂的时间内用言语表达不出来。不过，事后你可得加把劲儿，不然你就等着干挨白眼了。

（3）以委婉的语言传递不良的消息

你如果得知，公司里一个非常重要的部门出了问题，你若是立刻冲到领导的办公室里报告这个坏消息，就算不关你的事，也只会让上司质疑你处理危机的能力，弄不好还会惹来一顿责骂，把气出在你头上。此时，你应该以不带情绪起伏的声调，从容不迫地说出："我们似乎碰到一些情况……"千万别慌慌张张，也别使用"问题"或"麻烦"这一类的字眼，要让上司觉得事情并非无法解决，而"我们"听起来像是你将与上司站在同一阵线，并肩作战。

（4）用恳切的言语说服同事助你一臂之力

赵燕燕有件棘手的工作，无法独立完成。她想找孟优帮忙，因为孟优对这方面颇有研究，可是怎么开口呢？

赵燕燕找到孟优说："小孟，我这有个计划，自己实在搞定不了，帮个忙吧！"孟优面露难色，"我这段时间也挺忙，你还是看看别人有空没有，比如老张……"赵燕燕继续说："小宋，这个计划没你帮助，确实是不行啊！"孟优见赵燕燕态度诚恳，为了不负自己的好名声，就答应了她的请求，帮她完成了工作计划。

不过要提醒大家，我们求人办事之后，千万不要忘记答谢，否则以后就不会再有人愿意帮你的忙了。

（5）承认过失但不引起上司不满的话

犯错误是不可避免的，但是你承认过失的方式，却能影响上司心目中对你的看法。勇于承认自己的过失非常重要，因为推卸责任只会让你看起来像个毫无责任心、软弱无能、不堪重用的人，不过这不表示你就得因此对每个人道歉，诀窍在于别让所有的矛头都指到自己身上。坦然承认可淡化你的过失，转移众人的视线。

（6）不露痕迹地减轻工作量的话

首先，强调你明白这件任务的重要性，然后请求上司的指示，为新任务与原有工作排出优先顺序，不着痕迹地让上司知道你的工作量其实很重。若非你不可的话，有些事就得延后处理或转交他人。你可以这样说："我了解这件事很重要，我们能不能先查一查手头上的工作，把最重要的理出个优先顺序？"

（7）恰如其分的讨好的话

许多时候，你与高层要人共处一室，而你不得不说点话以避免冷清尴尬的局面。不过，这也是一个让你能够赢得高层青睐的绝佳时机。但说些什么好呢？每天的例行公事，绝不适合在这个时候被搬出来讲；谈天气嘛，又根本不会让高层对你留下印象。此时，最恰当的莫过于谈一个跟公司前景有关而又发人深省的话题。问一个老板关心又熟知的问题："我很想知道您对这件事的看法……"在他滔滔不绝地诉说心得的时候，你不仅获益良多，也会让领导对你的求知上进之心刮目相看。

在职场中，合适的言谈举止，可以使我们做起事来减少很多障碍，帮我们树立一个良好的形象，同时还有利于营造和谐的工作氛围。如此，我们的职场道路也就会走得更加顺畅。

◎ 上司面前不能毫无顾忌想啥说啥

吴晓欢不仅长得漂亮，还能说一口地道、流利的英语，这是她最得意的资本。刚进公司那会儿，上司黄燕对她很看重，有意提拔她，常带着她出入一些重要的商务场合，但事态在一次涉外商务宴会之后发生了转变。那次宴会，吴晓欢出尽了风头，她得意扬扬地用英语和外商侃侃而谈，用美貌与口才使自己成了宴会上的焦点人物，上司黄燕竟被冷落到了一旁。过了不久，吴晓欢就被调到另外一个不太重要的部门了。

吴晓欢持才傲物的张扬表现，让上司沦为了"配角"。在公众场合喧宾夺主，旁若无人地与上司抢"镜头"，使上司陷入尴尬的处境，上司当然不愿意把这样的下属留在身边。

在职场上，上司就是主宰我们命运的那个人，一句话说不好，就有可能因此丢掉饭碗，所以与上司说话，我们一定要慎之再慎。其实，与上司对话的忌讳也是有一定规律可循的，在这里我们将其总结出来，希望能够帮助你避开那"看不见的枪口"。

（1）不要轻视上司

一个人能够成为管理阶层，自然有他过人之处。作为下属，我们应该学习欣赏上司，而不应养成轻视上司的习惯。

"你当年没有我的帮助，哪里会有今天？"

"你若非夫凭妻贵，能升得这么快吗？"

"你一生就是好运！"

这样的语言，不但对工作没有丝毫帮助，还会阻碍你向上的拼劲儿。要知道，不论他是靠什么升的级，好歹他今天也是你的上司，你最好能三缄其口。

撇开人格不谈，单就公事而论，上司必有下属可以学习的地方。例如沉着、遇事冷静、富有冒险精神或公私分明等，总会有你的可学之处，问题是你能否放下对抗之心去欣赏别人而已。

如你能欣赏上司，他自会在日常交往中察觉到，这就如他能在言谈中知道你对他的不敬一样。当上司因为你的欣赏感到快乐时，你的好日子也就不远了。

（2）别直言其非

有位朋友最近很不开心，他在开会时指出了上司的错误，事后被召去痛斥一顿。他觉得自己是出于对公司关心，才会直言谏议的，不料反受到指责，朋友一时很难想得通。

这位朋友的出发点无疑是好的，但他却不懂选择场合，忽略了"计巧"的使用。

任何人也不想当众被指出错误，更何况是你的上司？众目睽睽之下，你竟然把他的错误抖出来，叫他的面子往哪儿放？况且你是他的下属，这样做岂不是说他不如你？也难怪他责难于你。

而且，即使只有你与上司两人，也不宜直接指出他的错误。要知道，上司的自尊心最重要，你要指出他的错误时，需要懂得避重就轻，要婉转而清晰地传达本意。

举个简单的例子。假如上司写的英文信件中有某个字母用错了，致使整个意思歪曲，做秘书的可以婉转地询问上司，表示自己不明白这个字的解释，请他指点，待他说明以后，可以问他那个字母是否与另一个（正确的用法）相同，此时上司应能心领神会。

其实，只要下属能时常记住自己的身份，便不难避免直说其非的错误发生。

（3）有损自己的话坚决不说

与上司聊天尤其是闲聊时，我们往往在上司的"随意"面前放松警惕，说出一些本来不该说、平常不敢说的话，其结果会很快反应在上司对你的认识和任用上。

所以与上司打交道时，我们必须时刻小心才是。当上司问你任何一个问题时，迅速转动大脑：他提问的真正"目的"何在？然后针对他的"目的"，具体地回答，切不可问什么都如实回答。

例如，当上司问你："当初为什么去当兵？"此时你就不要傻里傻气地回答："因为怕自己考不上大学，只好去当兵。当兵回来有加分，才考上的。"这……未免太离谱了，哪里有人自揭疮疤呢？对于这种查无实据的问题，我们完全可以美化一番："当时生了一场重病，因此误了考试。而当兵的役期到了，病也好了，只得去当兵。"

（4）不要和上司称兄道弟

我们不一定要把组织弄得像军队一般严谨，但对于上司和下属的关系也应划分清楚；不可有搪塞马虎、得过且过的想法。凡事轻率随便的态度，往往给人无法信赖的感觉。

主从关系必须严格划分，不可乱了分寸，权责不明、未经授权而强出头，对所指派的任务也任意曲解、自作主张，致使整个组织失控。举个较为浅显的例子：行进间如遇上级，必须等长官通过自己再行进；上、下台阶时，必须先停止、行注目礼后再随后前进。

在企业组织中，上下之间的关系最容易混淆；常有冲犯而不自知。年轻气盛的员工，只为凸显自己的角色，往往不知礼貌，动辄直呼领导的名字，或者干脆称兄道弟，这些没大没小的幼稚行径，都是办公室里的忌讳。

上级有事召见时，切忌推三阻四、耍"派头"，给人"装模作样"且又成不了大事的印象。

交谈对象若为上级主管，不可省略对他的职称，必须冠以"某某科长""某某主任"等尊谓；即在平辈间，也不可疏于礼貌，应以"先生""小姐"或以"某科长"、"某主任"等称呼，如此才可算作恰当。

◎ 汇报工作也需要一定的技巧性

作为下属，我们向领导汇报工作既是职责，也是考验。在每一项领导所交办的工作完成后，向领导进行必要的工作小结，更是必不可少的工作程序。但在领导面前，不同的人汇报的效果不同。

下属要向领导汇报工作，无论是采取书面的形式，还是当面口头汇报的形式，都需要掌握以下四个方面的技巧：

（1）怎样理清思路

所谓理清思路，是指我们在向领导汇报工作之前，就应冷静地对工作过程进行梳理。至于先说什么，后说什么；哪些问题简略地叙述，哪些问题必须详细地说明，都必须理出一个比较清晰的思路来。如果对待一个问题，你自己都不能拿出一个比较完整、比较清晰的思路时，事实证明，你是无法或难以说服别人的。

汇报工作也是这样，你如果不事先理清自己的思路，你同样难以有条理地、层次分明地、有说服力地把自己做过的工作向领导汇报清楚。

你在向领导汇报工作之前，特别是在向领导汇报那些重大问题之前，必须先打腹稿，即先在脑海中把要汇报的问题以提纲的形式，列出一个分条目的小标题，记在心中，在汇报时逐条道来。当然，你也可以把这些提纲写在小本子上，作为向领导汇报工作时的备忘录。

实践证明，拟写提纲是理清思路的最佳方法。大家不妨一试。

（2）如何凸出重点

任何一项工作都有自己的重点，即在任何工作程序中各个环节的轻重缓急是不同的。

把握重点，常常意味着抓住了问题的要害。而这些要害问题又往往关系着企业和领导事业的大局或重大利益。所以，领导听你的汇报，或看你的汇报材料，他关心的根本问题，就是你对重点问题的处理结果如何。

在具体操作时，我们应掌握"事不过三"的原则。即在一般情况下员工或下属向领导汇报工作时，每次交谈的重点事项、关键问题，只谈一个或一件，最多不要超过三个或三件。

事实上我们常常可以见到这种领导人，他们在总结工作或做指示时，一般情况下总是讲"三条内容"或提"三点建议"，"希望大家从三个方面去做好工作"。那些往往把问题、意见或指示归纳为'三'，而加以罗列的领导人，大多都比较干练，且办事效率相当高。尽管这不是绝对的现象，但却是一个有趣的现象。

因此，我们在向领导人汇报工作或交谈问题时，应注意每次只强调一个问题，只凸出一个重点，最多不超过三个问题或三件事情。这样，不仅有利于领导理清思路，迅速决断，同时，还会使领导对你的能力和效率产生好感。

所以，从一定意义上讲，善于掌握重点，凸出重点，并把重点问题向领导描述清楚，不仅是一个方法和技巧问题，而且也是我们的素养和能力问题。

（3）怎样删繁就简

无论是做口头汇报，还是做书面汇报，我们都必须注意删繁就简的问题。因为它不仅是技巧，而且是原则。

所谓删繁就简，就是要把一切不必要的话语从汇报中予以删除。否则，就会出现两种不利的影响。一是让人感到你思维混乱，思路不清，不知所云；二是让人感到你文风不正，似有哗众取宠之嫌。更何况还有"话多必失"的时候呢？

删繁就简，与其说是一种技巧，不如说是一种原则。

在具体操作上，我们可以这样进行：假如你要以书面的形式向领导汇报工作，那么，你就应该把文章尽量写得简练一些，按照鲁迅的说法："写完后至少看两遍，竭力将可有可无的字、句、段删去，毫不可惜。宁可将可用小说的材料缩成速写，决不将速写材料拉成小说。"

假如你是以口头语言形式向领导汇报工作，则必须注意掌握领导问什么答什么的原则和策略，不做无谓的拓展和借题发挥。比如，领导只问到事情的结果，你就只叙述结果，而不要涉及事情的过程。因为，领导可能对事情的过程不感兴趣。事实证明，对别人不感兴趣的问题，滥加描述，只会招致反感。

（4）恭请领导评点

当你向领导汇报完工作之后，不可以马上一走了事。聪明下属的做法是：主动恭请老板对自己的工作总结予以评点。

通常而论，领导对于下属的工作总结，大多都会有一个评点，不同的是有一些评点他可能公开讲出来，而另一些评点他则可能保留在心里。事实上那些保留在心里的评点，有时却是最重要的评点，对此，你绝不可大意。反之，你应该以真诚的态度去征求领导的意见，让领导把心里话讲出来。

对于领导诚恳的评点，即便是逆耳之言，我们也应以认真的精神、负责的态度去细心反思。因为，领导之所以能够站到领导的位置上，他肯定在很多方面或某些方面强于你。

领导的诚恳评点，无疑是他把自己的聪明智慧，无偿地奉献给了你，你何不乐而接受呢？

同时，也只有那些能够虚心接受领导评点的下属，才能够再一次被领导委以重任。

那些经常与领导打交道的员工，如果能掌握上述汇报工作的技巧，必定能不断提高工作能力和文化品位，同时也会受到领导的信任与赏识。

对职场人士来说，掌握了汇报工作的技巧，不仅有利于自身素质的提高，而且还会进一步改善我们在领导心目中的形象。

◎ 批评下属，你得用上些"手段"

没有人喜欢听批评的话，当面的、直接的批评会使对方产生抵触的心理，从而影响了批评的效果。

很多时候，当面指责别人，就会造成对方的顽强反抗；而巧妙地暗示对方注意自己的错误，他则会真诚地改正错误。

苏菲经营着一家化妆品公司，她最不能接受的事就是奔驰轿车的推销员开着宝马轿车四处游说，保险公司的员工自己不买保险。所以，她要求公司所有员工都要使用自己公司生产的化妆品。

有一次，她发现贾丹丹正在使用别家公司生产的粉底及唇膏，贾丹丹也发现自己的违纪行为被老板发现了，慌忙将化妆品收了起来。苏菲走到贾丹丹身边，微笑着说："亲，你在干吗？不会是在公司里使用别的公司的产品吧？"她说话时的语气轻松自然，脸上一直带着微笑。贾丹丹的脸红了，没敢回答，心想这下该挨批了，但是苏菲笑了笑，没说什么就走开了。

第二天，苏菲送给贾丹丹一套本公司的化妆及护肤品，并对她说："要是你在使用过程中感觉有什么不适，请你及时告诉我。"后来，公司所有的女员工都有了一整套自己公司生产的适合自己的化妆品和护肤品。苏菲亲自给大家做详细的使用示范。她还告诉大家，员工及直系亲属购买本公司的化妆品，可以打七折。

苏菲亲和友善的态度，恰到好处的口语表达，使她很自然地就与员工们打成了一片，成功灌输了自己的正确经营理念。

试想，如果苏菲直接批评贾丹丹，甚至贬损她，说她违反公司规定，职业态度有问题，再有这样的事情就扣薪水，等等，这样像爆竹一样的批评效果肯定会使贾丹丹陷入尴尬，她可能会因此大哭一场，甚至闹起情绪，工作效果肯定还会受到影响。所以聪明人都不会直接去尖锐地批评人，这对于说服没有什么好处。

当然，有些时候，有些事情，促使我们不得不把问题直接提出来，督促对方警醒，这个时候得罪人显然是不可避免的了，但我们却可以把负面效应降到最低。我们该怎么办呢？中国有句俗话叫"打一巴掌，给个甜枣吃"，意思是批评之后要做好善后工作，减少负面效应，简而言之就是先批评后安抚。

某公司一位在职的干部介绍说：某次他犯了一个错误而惹怒了董事长，当他一进入办公室，就见董事长气急败坏地拿起一支火钳死命地向桌面拍击，一面对他破口大骂，他被骂得很不是滋味，正欲悻悻地离去之时，突闻董事长说道：

"等等！刚才因为我太过于生气，不小心将这把火钳弄弯了，所以麻烦你费点力把它弄直好吗？"

他在无奈之下只好拿了把铁锤拼命地敲打，而他的心情也随着这敲打声而逐渐平静，当他将敲直了的火钳交给董事长时，董事长看了看便说：

"嗯！比原来的还好，你真不错！"然后他就高兴地笑了起来。气氛马上缓和下来，两人的情绪得到了控制。

事情发生后不久，董事长便悄悄地拨了电话给这位干部的妻子说：

"今天你爱人回去时，可能脸上显出不高兴，希望你能好好地照顾他。"

本来这位干部在受了上级的责备后，便想即刻辞职不干，但董事长的做法，反而使他十分感动，而且决心好好工作。

领导在批评下属时，常常会控制不住自己的情绪，以至于批评得有些过火，严重挫伤了下属的感情。此时，领导就要做好善后的安抚工作，尽量及时地控制住自己的情绪，并当面采取措施暗表歉意和鼓励，以便缓和对方的反感情绪。尤其是等到下属心怀不快地离去后，领导更应该在下属的同事、家人、朋友等身上做做文章，通过他们之口传达自己的歉疚之情与关爱之意，让下属感到领导心里是真正装着他们的，而自然而然地消去怒气，审视自己。

对比一下，"胡萝卜加大棒"和"打一巴掌，给个甜枣吃"还是有区别的。比如说如果柯立芝先对女秘书进行一通批评再夸奖她，恐怕他的秘书就承受不了了，同理，如果拿这位董事长先对下属进行赞扬再进行批评，他的批评可能就像隔靴搔痒一样起不了什么作用。因此，批评人首先要看对象以及事情的大小，之后再因人、因事而异地进行批评。

◎ 点化式暗示，可以让批评更动听

当面指责别人，这会造成对方顽强的反抗；而巧妙地暗示对方注意自己的错误，他会真诚地改正错误。

华纳梅克每天都到费城他的大商店去巡视一遍。有一次他看见一名顾客站在柜台前等待，没有一个人对她稍加注意。那些售货员在柜台远处的另一头挤成一堆，彼此又说又笑。华纳梅克不说一句话，他默默站到柜台后面，亲自招呼那位女顾客，然后把货品交给售货员包装，接着他就走开了。这件事让售货员感触颇深，他们及时改正了服务态度。

经理们常被批评不接待员工。他们非常忙碌，但有时候是由于助理们过度保护他的主管，为了不使主管见太多的访客，造成负担。卡尔·兰福特，在佛罗里达州奥兰多布当了许多年的市长。他时常告诫他的部属，要让民众来见他。他宣称施行"开门政策"。然而他所在社区的民众来拜访他时，都被他的秘书和行政官员挡在门外了。

这位市长知道这件事后，为了解决这个问题，他把办公室的大门给拆了。这位市长真正做到了"行政公开"。

若要不惹火人而改变他，只要换一种方式，就会产生不同的结果。

确实那些直接的批评会令人非常愤怒，间接地让他们去面对自己的错误，会有非常神奇的效果。玛姬·杰各提到她如何使得一群懒惰的建筑工人，在帮她盖房子之后清理干净现场。

最初几天，当杰各太太下班回家之后，发现满院子都是锯木屑。她不想去跟工人们抗议，因为他们工程做得很好。所以等工人走了之后，她跟孩子们把这些碎木块捡起来，并整整齐齐地堆放在屋角。次日早晨，她把领班叫到旁边说："我很高兴昨天晚上草地上这么干净，又没有冒犯到邻居。"从那天起，工人每天都把木屑捡起来堆好放在一边，领班也每天都来看看草地的状况。

在后备军和正规军训练人员之间，最大不同的地方就是理发，后备军人认为他们是老百姓，因此非常痛恨把他们的头发剪短。

陆军第542分校的士官长哈雷·凯塞，当他带领了一群后备军官时，他要求自己解决这个问题，跟以前正规军的士官长一样，他可以向他的部队吼几声或威胁他们。但他不想直接说出他要说的话。

他开始说了："各位先生们，你们都是领导者。你必须为尊重你的人做个榜样。你们该了解军队对理发的规定。我现在也要去理发，而它却比某些人的头发要短得多了。你们可以对着镜子看看，你要做个榜样的话，是不是需要理发了，我们会帮你安排时间到营区理发部理发。"

结果是可以预料的，有几个人自愿到镜子前看了看，然后下午就到理发部去按规定理发。次晨，凯塞士官长讲评时说，他已经看到，在队伍中有些人已具备了领导者的气质。

◎ 工作中，讲人情话是一门学问

谁都希望有一个和谐的工作氛围，一天八小时，一周五个工作日，一个人很大部分时间、精力是在工作环境里度过的，如果同事之间矛盾不断，整天别别扭扭，每天一踏上上班的路就想起与谁谁的不愉快，那么工作就成了一种负担和刑罚。要想避免这种状况的发生，工作过程中掌握说人情话的技巧，善于以人情话润滑同事之间的关系是个简便易行又有效的选择。

一般人在初次上班与同事拉关系时，试图通过一些日常的人情话引起对方兴趣，但总是选择一些无关紧要的话题。例如最典型的话："今天天气不错啊！""是啊，气温也不高，挺舒服的。"

这种公式化的对话根本算不上人情话，不能给新接触的同事留下深刻的印象，同样的，对方会觉得你没有什么特别之处。这样的交谈无异于浪费时间、浪费精力。

也许有人会认为，第一次与同事见面时讲话太冒昧是不懂得社交礼节，所以有所顾忌。其实大可不必考虑这么多。例如你可以很自然地这么说："最近我和父亲相处得不太好，可在昨天我们居然高高兴兴地谈了一个下午，误会完全解开了……"

或者说："这几天太热了，我干脆剃成光头，朋友们都认不出我了……"以自己的近况为题材是一种很好的开场白。

选择说话的内容，要考虑工作场合及时间。只有针对性地说话，才能加深彼此的印象。

初次见面若想给同事留下深刻的印象，首先必须先消除彼此间的距离。某单位有一次邀请某位先生上台演讲，他用自嘲的语言一开始就消除了与听众间的心理距离。他说："今天我第一次与各位见面，特意穿了一双漂亮的新皮鞋，但因为挤公共汽车赶路的缘故，新皮鞋张了嘴，脚也起了泡……"

只有尽快地消除初次见面的陌生感，才能给新同事留下永不磨灭的印象。由于我们一半时间都在工作场合度过，因此说话在有时候会流于形式。如何引起新同事注意，就在于如何选择话题。聪明的你，何不运用创意制造奇迹呢？

在公司里，同事之间免不了互相帮帮忙，你对这种事情应当采取什么态度呢？平常我们总说"助人为乐"，但是，在办公室战场上，怎样助人，才能真正成为乐趣，才能被对方所接受呢？

只要是人，都会有善、恶之分，但是在办公室里交朋友却不可以如此认为，最好是一视同仁地与他们打交道。

同事之间要能同甘共苦。"今天如果不加班的话，工作是怎样也赶不完的！"假如有一位同事一边看表，一边叹气地说这些话时，你也许会说：

"唉！真是够辛苦的啦！要不要我来帮你忙啊！"若能对他这么说的话，那位同事的内心该会多么感激啊！今天我帮你忙，明天也许变成你帮我忙了，这种情形在工作上也是经常发生的。

此外，不要在同事背后蜚短流长。喜欢说别人是非的人，也许正表示了他本人多少还有点不成熟，这样子的谈话虽然可以发泄心中的苦闷，而且大家也都知道说别人坏话是很不好的行为，可是还是免不了要说一说别人的是非。然而经常说别人是非给对方听的人，有一天连对方都会成为他批评的对象，因此慢慢地大家都会对他敬而远之。

同事们在一起相处的时间久了，就会不可避免地产生矛盾，进而引发争执。争执并不可怕，可怕的是不知道如何处理争执。处理得好，能使一切矛盾消解，甚至能让双方因此得到进一步的沟通。而若处理不好，便会引出更多的问题来。既然处理争执的问题如此重要，该如何着手呢？

（1）同事哭泣的时候

表示你的关切及协助的意愿，但不要阻止他哭泣，因为哭泣可能是缓解情绪的好方法。给他一些时间来恢复平静，不要急着化解或施予压力。

最后再问他哭泣的原因，如果他拒绝回答，也不必强求；若他说出不满或委屈，只要倾听、表示同情即可，千万不要贸然下断语或凭自己喜恶提供解决的方法。

（2）同事愤怒的时候

当同事愤怒的时候，你千万不能以同样的情绪对待，那会使争执进一步激化。对自己的意见除了要坚持外，还可以向对方表示你希望双方能冷静地分析问题并解决问题。

待对方冷静下来之后，你就可以询问他生气的原因所在，询问时一定要照顾到对方的情绪，不要说些与此无关的废话。总之，一切都要建立在谅解和宽容的基础之上。

（3）同事冷漠的时候

不要有任何臆测，你可以不经意地问他："怎么了？"如果他不理会，不妨以友善态度表示你想协助他。

如果他因感情或疾病等私人问题影响到工作效果，建议他找人谈谈或休假。

（4）同事不合作的时候

切勿一味地指责对方或表示不满，最好找个时间两人好好谈谈。因为这个时候更需要的是体贴的人情话，若对方因工作繁多、无法配合，则可再安排时间或找他人帮忙；但若是纯粹地不合作，则更需多花时间沟通，寻求问题的症结及解决办法。谨记：要充分利用人情话这一润滑剂，说不定还能因充分的沟通而化敌为友呢！

◎ 巧妙应对，化办公室尴尬为祥和

办公室作为工作的地方，经常出现一些意想不到的情况是正常的，一个人就是再聪明，面对七零八碎又纷繁复杂的职场"事故"，也很难都能做出恰当的反应，所以事先掌握一些办公室说话应变技巧就显得十分必要。

（1）开玩笑却遭到怒骂时

开玩笑也是人际关系的交流方式，但必须得到对方的共鸣才能成立。

自己觉得有趣对方却不以为然，这样的玩笑，充其量不过是自己在耍猴罢了!

不理会对方的心情而一味地自我欣赏,是很容易激怒对方的。

如果一个职员能看清上司喝茶时那副不高兴的神情,就不至于会想到要和上司开玩笑了。

其实,上司是早上开会时,因为科里所提出的企划方案做得不好而受到批评,没心情出去吃中饭而在办公室生闷气。

当上司向部属板起脸时,大都是因为其部属的表现令他不满。这时受到斥责的部属不但要顺着他的意思,而且要赶快找出上司不愉快的原因,这样才能化不快为愉快。

所以,遭到上司这出乎意料之外的斥责时,应马上道歉:

"对不起,我竟然开了这种无聊的玩笑!"

同时,要赶快回想今天到底发生了什么事,让上司这么不高兴。

早上,有什么事呢?早上科长不是只去开会吗?——对了,一定是开会时受到了批评吧!这么说,问题大概出在科里所提的企划方案吧!

"我们科里所提的企划方案,怎么样了呢?"

一确定问题点,就大胆地提出。

"那个企划不行!早上开会时……"

憋了一早上的闷气,上司终于可以借着这个问答发泄出来,等事情讲完时,刚才所造成的尴尬气氛,也会云消雾散了。

(2)说那个人,那个人就到时

午休时间就快要到了,科长又出去参加业界的聚会。大概就是这个缘故吧,办公室内一派闲散的样子,几位同事也在一起东家长西家短地闲谈,不知不觉间就说到科长身上了。

李君做事认真,个性又开朗,在办公室里人缘很好,只是有点冒冒失失,喜欢一高兴就恶作剧一番。

不例外地，当他听到大家都在说科长的坏话时，便趁机起哄：

"我也这样认为，科长实在是一位老古板，动不动就要拿伦理道德、礼仪规范来唠叨，他根本就不知道现在是流行新潮的时代……"

大家怎么突然都变得正经八百、规规矩矩的呢？

当李君发觉情形不对时，已经大事不妙了，原来科长已经站在自己的后面了。

"怎么，我又哪里不好了吗？"

科长当场就冲着李君丢下这么一句火药味极重的话，糟了，李君这下子惹祸了！

在会话礼节中，最忌讳的是背后说人坏话。可是大家大概都不否认，人都有劣根性，明知说人坏话是最要忌讳的事，可是却总忍不住要说上几句。

既然如此，明知偶尔免不了要对别人说长论短，那何不在说法上多注意点呢？至少要先弄清楚说话的场合和坏话的程度。

如果是充满个人憎恶情绪的坏话，听的人可能会有"这说得太过分了吧！"的感觉。

像这样就已超过限度，说者不但会不愉快，反而会因情绪过于激动而造成反效果。李君的情形不算是说得过分，问题在于说话的地点不对。尽管上司不在，但在办公室内家长里短总是不好的。另外像公司同事常去的餐馆或咖啡厅，也都不是谈论同事长短的地方。

像李君这种情况，无理地强辩只会把气氛越弄越糟。最好的方法还是赶快低下头道歉！

通常一位通情达理的上司看到下属诚心认错时，应该会既往不咎，至少也不会让属下难堪或下不了台。

科长听到李君的道歉后，反而装糊涂说："这又是怎么一回事呢？"

既然科长已经故意佯装不知了，李君这时就要心存感谢地在表面上唱和着说：

"还好刚才的话没有被科长听到，真是谢天谢地！"

换句话说，就是彼此都装糊涂，这样才能化解尴尬的气氛。

可是事后，必须谨记科长明明听到却放自己一马的恩惠，而在往后的工作上好好地表现以作回报。

（3）别人叫不出自己的名字时

在外面邂逅以前认识的朋友或同事，待上前去打招呼时，却因对方记不起自己的名字，致使彼此尴尬而散。这种情况应该很多人都曾有过吧！

例如参加讨论会或公司集训时，碰到过去曾经在一起工作的老同事，于是自己便很兴奋地过去打招呼：

"赵老，好久不见了，您好吗？"

对方也像看到了熟面孔似的回答，可是寒暄问候的话一讲完，对方就显得很局促不安而想找理由离开。

假如你碰到这种情形，会如何应变呢？

尤其像演说家等之类经常需要和很多人接触，虽然别人对他很了解，可是他却经常无法一下就叫出别人的名字。

通常遇到这种情形时，他们都会很自然、直截了当地向对方请教，譬如说："请问您贵姓大名？"或"——您是哪位呢？"

可是对一般人来说，这种开门见山式的问答，似乎令人很难启口。

还有，就是叫不出对方姓名时，既不敢开口请教，又害怕被对方看穿真相，因此，心虚、不安，于是当然就想要尽早离去。

前面的例子中，那位姓赵的老同事，说不定就是心虚而想离去。这时，你就应该很巧妙地把自己的名字夹在谈话中。譬如：

"最近偶然也会碰到当时跟我们在一起的伙伴，他们还是老样子，仍然取笑我叫小呆。想从前，真是多亏您的照顾……"

这样对方可能就比较能安心，至少不会急着想要打退堂鼓。

人总难免会有忘记别人名字的时候，因此将心比心，即能体谅别人的处境，尽量避免让别人出洋相。

相反地，要是自己想不起对方的名字时，怎么办才好呢？这时您可这样去应变：

"对不起，您可否给我一张名片？"

"嗯！名片吗？！"

"是的，拜托！拜托！"

或许，一开口就讨名片，别人会感到唐突，因此，您要非常不介意似地，等接过名片后，再说：

"以后有机会，我即可很快地凭这张名片和您联系了……"

然后，你就可以依名片上的姓名来称呼对方了。

（4）名字被叫错时

名字类似的同事在同一个集体内，经常会有张冠李戴的笑话发生。

像朱华先生就是这样。因为在同一公司内凑巧就有一位老同事叫做"陈华"，因此，他就经常被误叫名字。

今天一位新分配来的女职员一时疏忽，又叫他"陈华先生"，他感到非常懊恼，因此就默不吭声不理睬对方。

这样做对吗？

首先要忍住一时的气愤。

被当面叫错名字，不论是谁都会觉得不舒服。可是当事者在那一瞬间的对应，将会造成极端不同的结果。

中国字有很多同音异字的情形，譬如一个名字叫做"健"的人，难免会有被错写成"建"、"贱"……这时候倒可以说：

"对不起，我的名字是健康的'健'呀！此'健'非彼'贱'哦！"

名字被弄错时，这种近乎诙谐的指正方法，反而会令大家皆大欢喜，更加融洽。

一个经常跟自己碰面的人，却搞不清自己姓氏名字，这是很令人不愉快的事。可是，这也不是什么不能忍受的事吧！既然对方记不清楚，自己干脆再报一次姓名就好了，譬如：

"我是朱华呀！这个名字也实在是太平淡了，不好记。"

其次，把自己的特征和名字连在一起。

一时疏忽而弄错姓名的事，似乎屡见不鲜。其中有很多是没有把对方的姓名和外貌记清楚，所以才造成把别人姓名张冠李戴的错误。

无论如何，对被弄错姓名的人而言，如果不想办法叫对方记住自己，以后仍会经常有不愉快的情形发生。最好的应变方法之一，就是把自己外表的特征和名字连在一起告诉对方。

第三课　谈判话语权：
步步为赢，审时度势灵活应对舌战

　　谈判既是口才的角逐，也是智力的较量：或言不由衷，微言大义；或旁敲侧击，循循暗示；或言必有中，一语道破；或快速激问，或絮语软磨……出色的谈判大师总是善于鼓动如簧巧舌，调动手中的筹码，而取得理想的成功。

◎ 谈判中，如何在利益战上争取主动

　　谈判是一系列情势的集合体，它包括沟通、销售、市场、心理学、社会学、自信心以及冲突的解决。商务谈判的最终目的是双方达成协议，使交易成功。如何有效避免谈判中僵局的出现而使谈判获取成功？当冲突和矛盾出现时又如何化解呢？

　　首先，作为一个商务谈判者，应具备一种充满自信心、具有果断力、富于冒险精神的心理状态，只有这样才能在困难面前不低头，风险面前不

回头，才能正视挫折与失败，拥抱成功与胜利。

　　此外，因为国际商务谈判又常常是一场群体间的交锋，单凭谈判者个人的丰富知识和熟练技能，并不一定就能达到圆满的结局，所以要选择合适的人选组成谈判班子与对手谈判。谈判班子成员各自的知识结构要具有互补性，从而在解决各种专业问题时能驾轻就熟，并有助于提高谈判效率，在一定程度上减轻了主谈人员的压力。

　　商务谈判中经常遇到的问题就是价格问题，这一般也是谈判利益冲突的焦点问题。准备工作的一个重要部分就是设定你让步的限度。如果你是一个出口商，你要确定最低价，如果你是一个进口商，你要确定最高价。在谈判前，双方都要确定一个底线，超越这个底线，谈判将无法进行。这个底线的确定必须有一定的合理性和科学性，要建立在调查研究和实际情况的基础之上，如果出口商把目标确定得过高或进口商把价格确定得过低，都会使谈判中出现激烈冲突，最终导致谈判失败。

　　当你确定开价时，应该考虑对方的文化背景、市场条件和商业管理。在某些情况下，可以在开价后迅速做些让步，但很多时候这种作风会显得对建立良好的商业关系不够认真。所以，开价必须慎重，而且留有一个足够的选择余地。

　　每一次谈判都有其特点，要求有特定的策略和相应的战术。在某些情况下首先让步的谈判者可能被认为处于软弱地位，致使对方施加压力以得到更多的让步；然而另一种环境下，同样的举动可能被看作是一种要求回报的合作信号。在国际贸易中，采取合作的策略，可以使双方在交易中建立融洽的商业关系，使谈判成功，各方都能受益。但一个纯粹的合作关系也是不切实际的。当对方寻求最大利益时，会采取某些竞争策略。因此，在谈判中采取合作与竞争相结合的策略会促使谈判顺利结束。这就要求我们在谈判前制定多种策略方案，以便随机应变。

所以需要事先计划好，如果非要做出让步，要核算成本，并确定怎样让步和何时让步。重要的是在谈判之前要考虑几种可供选择的竞争策略，万一对方认为你的合作愿望是软弱的表示时，或者对方不合情理，咄咄逼人，这时改变谈判的策略，可以取得额外的让步。

因为双方都想在谈判中得到最大的利益，尽管我们可以在一定程度上避免谈判陷入僵局而至最终破裂，但有时利益的冲突是难以避免的。每逢此时，只有采取有效措施加以解决，才能使谈判顺利完成，取得成功。

谈判的利益冲突往往不在于客观事实，而在于人们的想法不同。在商务谈判中，当双方各执己见时，往往双方都是按照自己的思维定势考虑问题，这时谈判往往出现僵局。

在谈判中，如果双方出现意见不一致，可以尝试以下几种处理问题的方法：

（1）不妨站在对方的立场上考虑问题。

（2）不要以自己为中心推论对方的意图。

（3）相互讨论彼此的见解和看法。

（4）找寻对方吃惊的一些化解冲突的行动机会。

（5）一定要让对方感觉到参与了谈判达成协议的整个过程，协议是双方想法的反映。

（6）在协议达成时，一定要给对方留面子，尊重对方人格。

换个角度考虑问题恐怕是利益冲突发生后谈判中最重要的技巧之一。不同的人看问题的角度不一样，人们往往用既定的观点来看待事实，对与自己相悖的观点往往加以排斥。彼此交流不同的见解和看法，站在对方的立场上考虑问题并不是让一方遵循对方的思路解决问题，而是这种思维方式可以帮助你找到问题的症结所在，最终解决问题。

◎ 谈判中，如何妥善处理矛盾和冲突

商务谈判要面对的谈判对象来自不同国家或地区。由于世界各国的政治经济制度不同，各民族间有着迥然不同的历史、文化传统，各国客商的文化背景和价值观念也存在着明显的差异。因此，他们在商务谈判中的风格也各不相同。在国际商务谈判中，如果不了解这些不同的谈判风格，就可能闹出笑话，产生误解，既失礼于人，又可能因此而失去许多谈判成功的契机。如欲在商务谈判中不辱使命，稳操胜券，就必须熟悉世界各国商人不同的谈判风格，采取灵活的谈判方式。

谈判的结果并不是"你赢我输"或"你输我赢"，谈判双方首先要树立双赢的概念。一场谈判的结局应该使谈判的双方都要有"赢"的感觉。采取什么样的谈判手段、谈判方法和谈判原则来达到谈判的结局对谈判各方都有利，这是商务谈判的实质追求。因此，面对谈判双方的利益冲突，谈判者应重视并设法找出双方实质利益之所在，在此基础上应用一些双方都认可的方法来寻求最大利益的实现。

很多人在小时候都做过这样一道智力测验题：有一块饼干，让你和妹妹分，怎么样才能分得公平呢？答案就是自己先把它分成两部分，分的标准是自己觉得得到其中哪部分都不吃亏，然后让妹妹来选。这是一个典型的双赢态势。就像这道智力题的解答一样，解决利益冲突的关键在于找到一个双赢的方案。

创造性的解决方案可以满足双方利益的需要。这就要求谈判双方应该能够识别共同的利益所在。每个谈判者都应该牢记：每个谈判都有潜在的共同利益，共同利益就意味着商业机会，强调共同利益可以使谈判更顺利。另外，谈判者还应注意谈判双方兼容利益的存在。

为了有效地寻找双赢的方案，可以从如下几方面入手：

（1）将方案的创造与对方案的判断行为分开。谈判者应该先创造方案，然后再决策，不要过早地对解决方案下结论。比较有效的方法是采用所谓的"头脑风暴"似的小组讨论，即谈判小组成员互相激发理想，创造出各种想法和主意，考虑这些主意是否能够实现，之后再进一步对创造的想法和主意进行评估，最终决定谈判的具体方案。

（2）充分发挥想象力，扩大方案的选择范围。在上述小组讨论中，参加者最容易犯的毛病就是，觉得大家在寻找最佳的方案。而实际上，在激发想象阶段并不是寻找最佳方案的时候，要做的就是尽量扩大谈判的可选择余地。在这个阶段，谈判者应从不同角度来分析同一个问题，也可以就某些问题和合同条款达成不同的协议。如不能达成永久协议，可以达成临时协议等。

（3）替对方着想，让对方容易做出决策。如果你能让对方觉得解决方案既合法又正当，对双方都公平，那么对方就很容易做出决策，你的方案也就获得了成功。

在谈判过程中，双方在了解了彼此的利益所在后，绞尽脑汁为双方寻求各种互利的解决方案，也非常重视与对方发展关系，但是，棘手的利益冲突问题依然不是那么容易解决的。这种情况下，双方就某一个利益问题争执不下，互不让步，即使强调"双赢"也无济于事。

例如，对于谈判中经常遇到的价格问题，当双方无法达成协议时，可以参照一些客观标准，如市场价值、替代成本、折旧时账面价值等。此种方式在实际谈判中非常有效，可以不伤和气地快速取得谈判成果。此时客观标准的使用在商务谈判中就起到了非常重要的作用。在价格问题上的利益冲突可以这样解决，其他问题同样也可以运用客观标准来解决。但是，在谈判中有一点一定要把握，就是基本原则应该是公平有效的原则、科学性原则和先例原则。

在谈判中，谈判者运用客观标准时还应注意以下几个问题：

（1）将谈判利益的分割问题局限于寻找客观依据。在谈判中，多问对方：您提出这个方案的理论依据是什么？为什么是这个价格？您是如何算出这个价格的？

（2）建立公平的利益分割方法。如大宗商品贸易由期货市场定价进行基差交易；在两位股东持股相等的投资企业中，委派总经理采取任期轮换法等。

（3）建立公平的标准。商务谈判中，客观标准有：市场价值、科学的计算、行业标准、成本、有效性、对等原则、相互原则等，客观标准的选取要独立于双方的意愿，公平合法，并且在理论和实践中均是可行的。

（4）善于阐述自己的理由，也接受对方合理正当的客观依据，一定要用严密的逻辑推理来说服对手。对方认为公平的标准必须对你也公平。运用你所同意的对方标准来限制对方漫天要价，甚至于两个不同的标准也可以谋求取中。

（5）不要屈从于对方的压力。来自谈判对手的压力可以是多方面的：如，贿赂、最后通牒、以信任为借口让你屈从、抛出不可让步的固定价格等。但无论哪种情况，都要让对方陈述理由，讲明所遵从的客观标准。

谈判桌上风云变幻，谈判者要在复杂的局势中左右谈判的发展，则必须做好充分的准备。只有做好了充分准备，才能在谈判中随机应变，灵活处理，从而避免谈判中利益冲突的激化。

由于国际商务谈判涉及面广，因而要准备的工作也很多，一般包括谈判者自身的分析和谈判对手的分析、谈判班子的组成、精心拟定谈判目标与策略，必要时还要进行事先模拟谈判等。

◎ 谈判中，恰到好处的叙述技巧

谈判者要交流信息，但是，谈判者又不能信口开河。他不但要准确地表达自己的观点与见解，而且要表达得有条有理，恰到好处，这就需要有叙述的技巧。

叙述是介绍己方的情况，阐述己方对某一个问题的具体看法，以便让对方了解自己的观点、方案和立场。

叙述中不要谈及与谈判主题无关的意见，也不要复述一些无关紧要的事情，因为这样容易引起对方的反感。

谈判是件严肃的事。在面对面的谈判中，双方既没有戏言，也不允许随便反悔。因此，应该审慎地发表意见。谈判者对任何事情任何问题，第一次讲话就要做到准确表达己方的见解。比如，当对方请你明确你公司准备提供的某种新产品时，如果你对市场态势和产品定价的新情况不很了解，你就不能随便报价。否则，后悔就来不及了。价格报低了，只好哑巴吃黄连。

叙述时，不要拐弯抹角说不到主题上来。人的讲话与个性、风格有关。有的人喜欢在说话时绕弯子，这在平时是无关紧要的，但是，一旦你作为谈判者就得注意这个问题了。

谈判者在叙述中拐弯抹角，会妨碍双方信息的交流沟通。一方说得越离谱、越玄虚，另一方就越不知所云。因此，不明确的、不简洁的叙述是阻碍谈判的绊脚石。谈判中的叙述语言技巧有许多：

（1）转折用语

谈判中如遇到问题难以解决，或者有话不得不说，或者接过对方的话题转向有利于自己的方面去，都要使用转折用语。

例如："可是……""但是……""虽然如此……""不过……""然而……"这种用语具有缓冲作用，可以防止气氛僵化。既不致使对方感到太难堪，又可以使问题向有利于自己的方向转化。

（2）弹性用语

对不同的谈判者，应"看菜吃饭"。如果对方很有修养，语言文雅，己方也要采取相似语言，谈吐不凡。如果对方语言朴实无华，那么己方用语就不必过多修饰。如果对方语言爽快、耿直，那么己方就无须迂回曲折，可以打开天窗说亮话，干脆利索地摊牌。总之，在谈判中要根据对方的学识、气度、修养，随时调整己方的说话语气和用词。这是双方沟通思想、交流感情的有效方法。

（3）解围用语

当谈判出现困难，无法达成协议时，为了突破困境，给自己解围可以运用解围用语。

例如："真遗憾，只差一步就成功了！""就快要达到目标了，真可惜！""最后的阶段是最难的啊！""这样做，肯定双方都不利。""再这样拖延下去，只怕最后结果不妙。"

这种解围用语，有时能产生较好的效果。只要双方都有谈判诚意，对方可能会接受你的意见，促成谈判的成功。

谈判中还要注意，不能以否定性的语言来结束谈判。

从人的听觉习惯去考察，在某一场合，他所听到的第一句话与最后一句话，常常能留下很深的印象。

在谈判中假如你以否定性话语来结束会谈，那么，这否定性话语会给对方一种不愉快的感受，并且印象深刻。同时，对下一轮谈判将会带来不利影响，甚至危及上一轮谈判中谈妥的问题或达成的协议。

所以，在谈判终了时，最好能给予谈判对手以正面评价。例如："您在这次谈判中表现很出色，给我留下深刻的印象。""您处理问题大刀阔斧，钦佩，钦佩！"

不论谈判结果如何，对参与谈判的人来说，每一种每一次谈判都是谈判各方的一次合作过程，因此，一般情况下，在谈判结束时对对方给予的合作表示谢意，既是谈判者应有的礼节，对今后的谈判也是有益的。

◎ 谈判中，有的放矢的提问技巧

提问是谈判中经常采用的语言表达方式，掌握其中的技巧，可以使自己处于主动地位，有效地控制话题和引导对方的思路。谈判中常运用发问作为认知对方需要的手段。发问一般含 3 个决定因素：第一，要问什么问题；第二，如何发问；第三，何时发问。问话对于对方的影响也是很重要的考虑方面。

要求一个人采取立场之前，不妨先提出一两个问题，以延迟其决定。

亲切的问题能够找到需要的情报，引导性的问题可以避免对方闪烁其词，有效地发问，将使参与者认识事实的真相，以及得到共同结论所必需的臆测。

提出问题是很有力量的谈判技术，因此在应用时必须审慎明确。

问题决定商谈、讨论的方向。适当的发问常能指导谈判的结果。好像转动水龙头控制水量一样，发问也能控制收集情况的多寡。问题刺激你的对手去思考，并且使对手开始慎重地考虑你的意见。当我们需要特定的答案时，我们只提出特定的问题，诸如"现在几点？""你喜欢吃西瓜吗？"等等。类似的问题很容易回答，但本质上我们仍引导和控制着对方的思考。如果我们不这样做，而问对方："你为何要那样做？""你是怎样做的？"回答就困难多了。为了答复你的问题，你的对手不得不想得深入一点——他会更谨慎地重新检视自己的前提，或是再一次评估你的前提。审慎地运用问题，使你能轻易地引起对手的注意，并使对手对问题保持不辍的兴趣。此外，还可将会谈引导至你所希望的方向。经常借着问题，巧妙地提问，往往可使你的对手被导向你所期望的结论。

谈判的过程中，我们应该建立各种不同功能的问话，谈判自始至终，每种问话都随时扮演着不同的功能及角色。也就是说，任何谈判过程里，问话都应该依循引起他人注意、取得消息、说明自己的感觉及提供资料、引起他人思绪的活动，及将话题归于结论的规则进行。当然，每句问话不见得会立即产生结果或效果。不过，当你对问话的功能清晰地了解后，你可以放心地让对方滔滔不绝地发表议论；你可以经由适当的反问，随时控制谈判的方向。

◎ 谈判中，滴水不漏的答话技巧

在谈判中，回答对方的提问是不可避免的现象。但是如何答，往往决定着自己在谈判中的地位，更是口才能力的直接反映。在谈判过程中，每一次的交换意见沟通信息大多是通过问答的方式来实现的，有问就会有答。那么，针对问话，如何回答才能使自己处于有利地位，免得被对方牵着鼻子走呢？下面就介绍几种比较实用的应付提问的回答方法：

（1）依发问人的心理假设回答

问答的过程里，有两种不同的心理假设。一是问话人的，一是答话人的。答话人应依照问话人的心理假设回答，而不要考虑自己的心理假设。

一个美国陆军上尉在军队中担任财务官，多年来他已经私下挪用了不少公款。有一天，他在美军专用市场买东西，有两个宪兵走过来拍拍他的肩膀，说："上尉，请你跟我们到外面一下好吗？"上尉说，他要先去洗手间，麻烦那二位宪兵等一下。上尉进了洗手间以后，就开枪自杀了。那两个宪兵大吃一惊。他们只是看到他的车停在门外消防水龙头旁边，要他把车子倒退一点而已。

这便是那位上尉以自己的心理假设行动的结果，他以为自己挪用公款的事被发现了。撇开是非不谈，如果那位上尉是以宪兵的心理假设回答一句："什么事？"跟着出去看一看的话，说不定还活得好好的。

（2）不要彻底回答

不要彻底回答，首先就是答话人将问话的范围缩小。

有两个人到湖边去游泳。他们看到湖边有一人在钓鱼，就跑去问那人湖里有没有水蛇。那人钓鱼本来极为讨厌别人来破坏自己的兴致，于是回答说没有。那两个人就脱衣服跳入湖里，尽情地游泳。等一会儿其中一个向岸边的渔人招呼："湖里为什么没有水蛇呢？"渔人回答说："都被鳄鱼吃光了。"这两个游泳者听了，吓得屁滚尿流，赶紧爬上了岸。

钓鱼人的回答就是不彻底回答的一个方法。不彻底回答的另外一个方法是闪烁其词。

比如你正在与对方就洗衣机产品的价值进行谈判，对方问你价钱多少？你明知把价钱一说，他很可能会因为不满意而导致谈判破裂。于是你不能照实回答，你可以闪烁其词说："先生，我相信你会对价格很满意的。请让我把这种洗衣机和其他洗衣机相较的特殊性能说明一下好吗？我相信你会对这种洗衣机感兴趣的。"

（3）不要确切地回答

不确切回答是指回答得模棱两可，弹性很大，通常都是用比较的语气回答："据我所知：……"先说明一个类似的情况，再拉回正题。或者借喻他人、他事来委婉地说对方，这样通常为自己和对方就某种意向达成一致，留有充分的余地。避免一旦把话说死，事情就会搞僵，再想挽回就不容易了。

◎ 谈判中，颇具实效的说服技巧

一个谈判者，只有掌握高明的说服别人的口才技巧，才能在变幻莫测的谈判过程中左右逢源，最终达到自己的目的。

说服，即设法使他人改变初衷，心悦诚服地接受你的意见。这是一项十分重要的技巧。同时，这又是一项很难掌握的技巧，因为当你试图说服对方之际，你将处于同样的被人说服的地位，因而必将遇到重重阻力，你必须克服这重重阻力，才能达到说服对方的目的。

（1）说服技巧的几个环节

①建立良好的人际关系

谈判桌前，当一方考虑是否接受对方意见时，一般总是先衡量一下他与说服者之间的熟悉程度和友好程度。如果相互熟悉，相互信任，关系融洽，对方就比较容易接受你的意见。因此，如果要在谈判中达到说服对方的目的，必须先与对方建立相互信任、比较融洽的人际关系。

②分析你的意见可能导致的影响

首先，向对方诚恳地说明他接受你的意见的充分理由，以及对方一旦被你说服将产生什么利弊得失。其次，坦率承认如果对方接受你的意见，你也将获得一定的利益。这样，对方觉得你诚实可信，会自然而然地接受你的意见；反之，如果你不承认能从谈判中获得一定利益，对方必定认为你话中有诈，缺乏诚意，从而拒你于门外，你将无法取得说服对方之功。

③简化对方接受说服的程序

当对方初步接受你的意见的时候，为避免对方中途变卦，要设法简化确认这一成果的程序。例如，在需要书面协议的场合中，可事先准备一份原则性的协议书草案，告诉被说服者："只需要在这份原则的协议书草案上签名即可，至于正式的协议书我会在一周内准备妥善，到时再送到贵公司请您斟酌。"这样，往往可当场取得被说服者的承诺，并避免了在细节问题上出现过多的纠缠。

（2）运用说服技巧的基本原则

①不要只说自己的理由。

②研究、分析对方的心理、需求以及特点。

③消除对方的戒心、成见。

④不要操之过急，急于奏效。

⑤态度诚恳，平等相待，积极寻求双方的共同点。

⑥不要一开始就批评对方，不要指责对方，不要把自己的意志和观点强加于对方。

⑦说服用语要朴实亲切，富有感召力，不要过多地讲大道理。

⑧承认对方"情有可原"，善于激发对方的自尊心。

（3）说服的具体技巧

①谈判开始时，要先讨论容易解决的问题，然后再讨论容易引起争论的问题，这样容易收到预期的效果。

②多向对方提出要求，多向对方传递信息，影响对方的意见，进而影响谈判的结果。

③强调与对方立场、观点、期望的一致，淡化与对方立场、观点、期望的差异，从而提高对方的认识程度与接纳程度。

④先谈好的信息、好的情况，再谈坏的信息、坏的情况。但要注意避免只报喜不报忧。要把问题的好坏两面都和盘托出，这比只提供其中的一面更具有影响力。

⑤强调合同中有利于对方的条件。

⑥待讨论过赞成和反对意见后，再提出你的意见。

⑦说服对方时，要注意精心设计开头和结尾，以便给对方留下深刻印象。

⑧结论要由你明确地提出，不要让对方去揣摩或自行下结论，否则可能背离说服的目标。

⑨多次重复某些信息、观点，可增进对方对这些信息和观点的了解和接纳。

⑩充分了解对方，以对方习惯的、能够接受的方式、逻辑，去展开说服工作。

不要奢望对方一下子接受你提出的突如其来的要求，要先做必要的铺垫，下下毛毛雨，最后再自然而然地讲出你在一开始就已经想好的要求，这样对方比较容易接受。

强调互相合作、互惠互利的可能性、现实性，激发对方在自身利益认同的基础上来接纳你的意见和建议。

◎ 虚虚实实，巧化被动为主动

人这一生，免不了要与人"过过招"，无论是生意场上还是生活中的谈判，倘若你能巧妙地为其加点"佐料"，就能够掌握更大的胜算。谈判桌上，适当地耍点心眼，与道德无关，却可以让事情变得更加顺利。

曾经有三位日本人代表日本航空公司与美国的一家飞机制造公司谈判。日方作为买方，美方作为卖方。美国公司为了抓住这次商业机会，挑选了最精明干练的高级职员组成谈判小组。谈判开始时，并没有像常规谈判那样双方交涉问题，而是美方开始了产品宣传攻势。他们在谈判室内张贴了许多挂图，还印制了许多宣传资料和图片。他们用了两个半小时，三台幻灯放映机，放映好莱坞式的公司介绍。他们这样做，一是要加强自己的谈判实力，另外则是想向三位日本代表做一次精妙绝伦的产品简报。在整个放映过程中，日方代表静静地坐在那里，全神贯注地观看。

放映结束后，美方高级主管不无得意地站起，扭亮了电灯。此时，他的脸上挂着情不自禁的得意笑容，笑容里充满了期望和必胜的信念。他转身对三位显得有些迟钝和麻木的日方代表说："请问，你们的看法如何？"不料一位日方代表却礼貌地微笑着说："我们还不懂。"这句话大大伤害了他此时的心情。他的笑容随即消失，一股莫名之火似乎正往上顶。他又问："你说你们还不懂，这是什么意思？哪一点你们还不懂？"另一位日方代表还是有礼貌地微笑着回答："我们全部没弄懂。"美方的高级主管又压了压火气，再问对方："从什么时候开始你们不懂？"第三位日方代表严肃认真地回答："从关掉电灯，开始幻灯简报的时候起，我们就不懂了。"这时，美国公司的主管感到了严重的挫败感。他灰心丧气地斜靠着墙边，松开他价值昂贵的领带，显得是如此地心灰意冷，无可奈何。他对日方代表说："那么，那么……那么你们希望我们做些什么呢？"三位日方代表异口同声地回答："你能够将简报重新来一次吗？"

美国公司精心设计安排的幻灯简报，满以为日商会赞叹不已，从而吊起他们花大价钱购买的胃口。可是正当美国公司为他们的谈判技巧和实力沾沾自喜的时候，日方代表的"愚笨"和无知使他们突如其来地感到沮丧，而且日方代表还要求重新放映幻灯片，这种拖延时间的办法，又使他们的沮丧情绪不断膨胀。等到双方坐下来谈判的时候，美方代表已毫无情绪，只想速战速决，尽早从不愉快中解脱出来：谈判结果自然是对日方有利的，三个日方高级职员正是凭着他们看似真诚的谎言为公司节约了一大笔资金。

很多事情，要想达到目的，就不能直来直去，适当地制造一点假象，才能让事情朝着你想要的方向进行。就像上述案例中的日本谈判人员，他们是真的"不懂"、是真的"无知"吗？答案显然是否定的。这只是他们的一种谈判策略，他们是在用"装笨"的方式，来消耗对方的锐气，从而使谈判一点一点转向对自己有利的方向。

在人生的"谈判"中，我们也不要太实在，有时不妨学学这些日本商人，暂且放下问题的实质不谈，耍点花招，或是"装笨"，或是"顾左右而言它"……将对方的气焰打压下去，拖得他们沮丧不已、疲惫不堪，然后再以逸待劳，将胜利的果实装入口袋。

推销话语权：

精心布局，掌握对方心理反客为主

　　一场销售就像一档电视节目，画面和音效非常重要。如果音效不好，观众的感受就不佳。所以销售人员必须讲究说话的方式，尤其要随时注意保持语言的最佳感染力，如此，才能将客户吸引住，赢得客户的信任，最终有效说服客户。

◎ 以特别的开场白吸引客户

　　一个人碰到陌生人的第一个反应便是关起心扉，然而又不仅仅如此，他还想去了解探察别人。如果你表现出爽朗善意、幽默的谈吐风度，对方便会逐渐了解到你并非"来者不善"，从而谨慎地打开心扉。

　　某报社往全国各地寄发了大量订阅单，预约期到了，可收回率却很低，于是他们又重新进行了一次全国性征订。这次在征订单上画了一幅漫画：负责订阅的小姐因为没有收到订阅的回音，正在伤心地哭泣。

这种推销可以说是高级的强迫推销，不但不会使客户反感，而且收效很好，理由就是它的含蓄和幽默。

幽默的人很容易打开别人的心扉，不但容易打动异性的心，也容易打动客户的心。因此幽默的个性能造就出情场高手，也能造就出商场高手。

幽默的语言有时能使局促、尴尬的推销场面变得轻松和缓，使人马上解除拘谨不安，它还能调解小小的矛盾。老舍先生曾经举过一个例子：一个小孩看到一个陌生人，长着一只很大的鼻子，马上叫出来"大鼻子"！如果这位先生没有幽默感，就会觉得不高兴，而孩子的父母也会感到难为情。结果陌生人幽默地说："就叫我大鼻子叔叔吧！"这就使大家一笑了之。当然，幽默只是手段，并不是目的，不能强求幽默，否则很容易弄巧成拙。

原田一郎推销保险时，使用了这样的幽默，就恰到好处：

"您好！我是明治保险公司的原田一郎。"

"喔……"

对方端详他的名片有一阵子后，慢条斯理地抬头说：

"两三天前曾来过一个某某保险公司的推销师，他话还没讲完，就被我赶走了。我是不会投保的，所以你多说无益，我看你还是快走吧，以免浪费你的时间，同时也浪费我的时间。"

此人既干脆又够意思，他考虑得真周到，还要替原田一郎节省时间。

"真谢谢您的关心，您听完我的介绍之后，如果不满意的话，我当场切腹。不管怎么样，请您拨点时间给我吧！"

原田一郎一脸正经，甚至还装着有点儿生气的样子。对方听了忍不住哈哈大笑说：

"哈哈哈，你真的要切腹吗？"

"不错，就像这样一刀刺下去……"

原田一郎一边说着，一边用手比画。

"好吧，你等着瞧吧！我非要你切腹不可。"

"看来，我非要用心介绍不可啦！"

话说到此，原田一郎脸上的表情突然从"正经"变为"鬼脸"，于是，准客户不由自主地和原田一郎一起大笑。

上面这个实例的重点，就在设法逗准客户笑。只要你能够创造出与准客户一起笑的场面，就突破了第一道难关，并且拉近了彼此间的距离。

◎ 找到切入点，顺势赢好感

"如果你找到了与潜在客户的共同点，他们就会喜欢你，信任你，并购买你的产品。"此语出自杰弗里·吉特默。事实证明，人们通常更愿意与容易相处的人做生意，尤其是与客户初次见面的时候，销售人员如果能够快速找到恰当的切入点，就能够很快消除彼此的紧张感和陌生感，从而为下一步的沟通创造良好条件。

销售的本质其实就是获取客户的信任，从而让客户接受我们的产品和理念。因此，获取客户的信任，是销售工作的前提。要想获得客户的信任，无疑需要我们掌握一定的沟通交流技巧。而找到与客户的共同点，无疑是获得其信任的最佳途径。一旦取得了客户的信任，达成共识，接下来的销售工作就会水到渠成，顺理成章。

很多时候，我们与客户之间的共同点都是可以加以利用的，例如老乡关系，爱好关系，对某些问题有相同看法的关系，甚至是衣着随身物品等方面的共同点，都是我们拉近与客户之间距离的最佳接口。当直接与客户谈交易遇到困难的时候，我们不妨灵活一点，暂时绕开遇到分歧的话题，转而与客户闲聊，从闲聊中寻找双方的共同点，并且达成共识，这时再回过头来谈交易的问题，许多问题便迎刃而解了。

（1）如何寻找与客户的共同点

既然我们和客户生活在同一个地球、同一个时代，就必然能够找到与客户之间的相同或相似之处，例如，相同的生活环境、相同的工作性质、相同的兴趣爱好、相同的生活习惯等，从这些共同点切入，必然能够很快拉近与客户之间的距离。

首先，双方必须确立共同感兴趣的话题。有人认为，陌生人初次见面，很难找到共同感兴趣的话题，其实不是这样。只要善于寻找，善于发现，就一定能找到共同语言。例如一位小学教师和一名水果小贩，似乎两者是没有任何共同点和共同语言的。但是，如果这个水果小贩是一位小学生的家长，那么，两者就如何教育孩子的问题各抒己见，交流看法；如果这个小学教师谈到水果方面的问题，例如如何挑选水果，哪种水果适合给小孩子吃的话，水果小贩就可以立刻给予很好的解答，这样一来，两个人之间很容易就拉近了距离。

可见，只要双方留意、试探，就不难发现彼此有对某一问题的相同观点，比如某一方面共同的兴趣爱好，某一类大家都关心的事情。有很多初入职场的销售人员在初次与客户见面时感到拘谨难堪，话不投机，容易冷场，完全是因为没有发掘共同感兴趣的话题。

其次，要多注意了解对方的现状。要努力使对方对你产生好感，并且留下深刻的印象，还必须通过察言观色，了解对方近期内最关心的问题，掌握其心理。在寻找客户感兴趣的话题时，销售人员要特别注意一点：要想使客户对某种话题感兴趣，你最好对这种话题同样感兴趣。因为与客户的沟通过程必须是互动的，否则就无法实现具体的销售目标。如果只有客户一方对某种话题感兴趣，而你却表现得兴味索然，或者内心排斥却故意表现出喜欢的样子，那客户的谈话热情和积极性马上就会被冷却，这样就很难达到良好沟通效果。所以，销售人员应该在日常生活中多培养一些兴趣，多积累一些各方面的知识，至少应该培养一些比较符合大众口味的兴趣爱好，例如体育运动和一些积极的娱乐方式等。这样，等到与客户沟通时就可以信手拈来，也不至于使客户感到与你的沟通寡淡无味了。

（2）如何应对客户的异议

无论是在产品销售的过程中，还是在产品销售之后，都有可能因为种种原因与客户发生意见上的分歧甚至冲突。一个优秀的销售人员必须要善于处理这些冲突，在最短的时间内消除分歧和冲突，求同存异，尽快重新与客户达成共识。在化解与客户之间的分歧时，我们必须能够预测到客户的情感需求，去加以理解。一般来说，客户产生分歧和冲突的原因主要有：产品的功能理解出现偏差；产品的使用过程中出现问题；希望被关心、重视，希望有人倾听的情感需要被忽视，等等。因此，在和客户进行沟通时要特别注意用语，比如"真的很抱歉"，也可以说"我非常理解您现在的心情，我会尽我自己最大的努力来帮您解决这个问题，您先坐下来我们慢慢谈"，这种沟通交流方式能够让客户感到自己的情感需求得到了关注，从而尽快消除分歧。

在实际解决问题的过程中，我们要注意以下几点。

首先要换位思考，正确认识客户的异议。换位思考是有效解决客户冲突的关键。我们不要把客户的异议当成是在找茬儿，因为只有真正关心、认同企业产品或者对企业产品感兴趣的客户，才会提出更多的异议、要求或是批评。曾经有专业机构做过数据统计，遇到问题没有提出异议的客户只有 8% 会回来；提出异议但没有得到解决的客户则有 18% 会回来；提出异议得到解决的客户有 55% 会回来；而提出异议迅速得到满意解决的客户，有 86% 将成为企业的稳定客户。可见，客户的异议并非坏事，关键在于我们如何处理。

其次就是，在应对客户的异议时，我们一定要认真倾听，并且始终保持自己的热情。在倾听客户异议的时候，不但要听他表达的内容，还要注意其语调与音量，这有助于我们了解客户语言背后的内在情绪。同时，要通过解释与澄清确保自己真正了解了客户所提出的问题。热情的服务与沟通，往往能够平息客户的怒气，至少能够让客户认为自己的问题已经受到了重视。那么，如何保持我们的热情？最关键的一点，就是我们在与客户进行沟通过程中，面部表情应该与语言保持一致。只有当我们的姿势、表情、动作、呼吸都表现出热情、微笑的状态时，才能让客户切实感受到热情。

在日常销售的过程中，难免会与客户发生分歧，一个优秀的销售人员，应该善于处理这种冲突，能够做到与客户求同存异，并且尽可能多地找到共同点，达成一致。只有这样，才能尽可能快地得到客户认同，无论是从感情上还是从销售上，得到客户的认同都是有益无害的。因此，学会处理与客户的意见分歧，是销售人员必须学会的一项技巧。

◎ 了解客户需求，投其所好

对于销售来讲，投其所好并没有什么不好，毕竟在销售的过程中，卖出自己的产品和服务才是最终的目的，所以说销售人员不妨投其所好，以此来吸引客户，让客户更愿意购买你的产品和服务。

每个客户都会有不同的需求，每一件产品也都有着不同的性能和特性。如何从众多繁杂的产品特性中挑出客户感兴趣的特点来向客户介绍，是推销人员最需要也是最难掌握的一项技巧。因为这首先需要销售人员对于客户的情况有全面的了解，只有真正地了解客户的需求，才能在介绍产品的时候有所取舍，有所侧重，真正有目的性地把产品的优点精确地反映给每一位客户，这才是最有效率的产品介绍方法。

当然，要想知道客户的喜好，必然要对客户进行分析和了解，而了解的途径和技巧又是多方面的，所以说销售人员要进行多方面的掌握，只有这样才能够更好地实现你的销售行为。那么，我们销售人员应该如何去掌握这项技巧呢？

（1）通过交谈了解客户需求

销售人员要想做到"投其所好"地向客户介绍产品，就必须首先通过和客户交谈，对他们的偏好大致上有一个判断。例如，如果对方在意性能，那我们就跟他谈产品的技术性能；如果他在意价格，我们就谈产品的性价比有多高；如果他在意外形，那我们就重点介绍产品的设计，用设计上的精巧来打动他。人和人之间都有差异，单靠同一角度的宣传很难打动所有人，面对客户必须灵活起来，投其所好。

了解客户需求，要从关心客户，了解客户问题入手。这需要销售人员在拜访客户、与客户交流之前，充分、认真地分析客户实际的、最强烈的需求，去寻求突破点。如果一开始就抓住了客户急需解决的问题点，客户必定愿意将话题继续下去，相反，如果销售员与客户初见面，就是十足的"商业气味"，只会千篇一律地讲解产品，那么客户基本上就不会购买你的产品，甚至不会给你机会让你背课文似的"背完"开场白。

（2）善于寻找共同点作为突破口

有这样一个销售事例，一个销售经理按照约定来到客户办公室，洽谈一个业务订单，在与客户沟通的过程中，发现客户似乎对自己并不太感兴趣，话题也是有一搭没一搭，似乎看不到订单的希望了。这时，这位销售经理突然看到客户书架上有很多中国古籍，特别是有很多关于《诗经》的书籍，于是在与客户聊天的过程中，他谈起了自己爱好读书并且偏爱古典文学这件事情。客户一听就来了精神，说他也最喜欢《诗经》。于是两个人就从《诗经》谈到业务，不亦乐乎地忘了时间，晚上还一起吃了晚饭。

很显然，由于这位销售经理善于仔细观察，找到了与客户之间的共同点，并采取策略，投其所好，顺利打开了交谈的思路。当然，投其所好也必须跟自己的情趣爱好相结合，自己对此要有兴趣，还要有研究，否则，即使发现了共同点，你对此却一知半解，没说两句就"卡壳"了，那么不但对你们的谈话无济于事，反而会让客户觉得你不懂装懂，不值得信赖。可见，培养广泛的兴趣，对于销售人员而言，是面对不同客户做到"投其所好"的必备功课。

（3）寻找客户共同点的技巧

面对客户，要想做到投其所好，找到自己与客户之间的共同点，就必须要掌握下面这几点。

首先，对于那些摸不清底细或者初次见面的客户，不妨采用试探的方法来寻找共同点。

譬如，有时候，为了打破初次见面时沉默的局面，可以想办法打开话题，因为不说话不沟通是什么也做不成的。当然也有一部分销售人员会通过听客户的说话口音、言辞，侦察客户情况；有的以动作开场，一边帮客户做某些急需帮助的事，一边以话试探；有的甚至借火吸烟，也可以发现客户特点，从而找到与客户之间的共同点，打开谈话话题局限的局面。

其次，我们要善于观察客户表情动作上的细节。通常情况下，一个人的心理状态、精神追求、生活爱好等，都会或多或少地在他们的表情、服饰、谈吐、举止等方面有所表现，只要我们善于观察，就会顺利发现与客户之间的共同点。

此外，也可以通过步步深入的手段，挖掘共同点。大多数时候，发现与客户之间的共同点其实是非常容易的，但是，这只是与客户谈话的初级阶段所需要的。随着交谈内容的深入，共同点会越来越多。为了使交谈更有益于客户，必须一步步地挖掘深一层的共同点，才能如愿以偿。

还有就是，要学会揣摩与客户之间的谈话，探索共同点。为了发现客户同自己的共同点，我们可以在客户同别人谈话的时候留心分析、揣摩，也可以在客户和自己交谈时揣摩他的话语，从中发现共同点。

其实，寻找与客户之间共同点的方法还有很多，比如，共同的生活环境，共同的工作任务，共同的行路方向，共同的生活习惯等，只要仔细发现，与客户无话可讲的局面是不难打破的。此外，还有一个方法也能帮助销售人员寻找到与客户共同的话题，引起客户的好感，那就是相似性。人们都喜欢与自己在某些方面相似的人交流，不管是观点、动作、语气、个性、背景、生活方式等各个方面，只要是相似的双方都会产生好感。

要想在与客户沟通的过程中做到"投其所好"，首先就必须要了解客户，并想办法找到与客户之间的共同点或者相似点，只有掌握了这门技巧，我们才能准确判断出不同客户与我们的共同之处，从而进一步沟通了解客户真正的爱好兴趣等话题。而了解了这些内容，我们在面对客户的时候才能真正做到"投其所好"，想客户之所想，满足客户之所需，与每一位客户都能够打成一片，顺利签单。

◎ 三两句瞬间抓住客户注意力

做销售工作的人比比皆是，一家稍微大一点的企业，每天甚至会有十几名销售员登门拜访。在这种情况下，客户很容易对销售员产生厌烦、抗拒的心理。因此，如果想成为一名出色的销售员，我们就要利用一定的销售技巧，在最短的时间内，抓住客户的注意力。

某地有一个销售安全玻璃的销售员，他的业绩一直排在整个销售区域的第一名，在一次销售员大赛的颁奖大会上，主持人问："你有什么独特的方法来让你的业绩维持顶尖呢？"他说："每当我去拜访一个客户的时候，我的包里面总是放了许多截成20公分见方的安全玻璃，我随身也带着一个铁锤子，到客户那里后我会问他，你相不相信安全玻璃？当客户说不相信的时候，我就把玻璃放在他们面前，拿锤子往玻璃上一敲，而每当这时候，许多客户都会因此而吓一跳，同时他们会发现玻璃真的没有碎裂开来。然后客户就会说：天哪，太难以置信了。这时候我就问他们：你想买多少？一般来说他们都会和我签约，而整个过程花费的时间还不到一分钟。"

颁奖大会后不久，几乎所有销售安全玻璃的销售员出去拜访客户的时候，都会随身携带安全玻璃样品以及一个小锤子。

但经过一段时间，他们发现这个销售员的业绩仍然排在第一名，他们觉得很奇怪。而在另一个颁奖大会上，主持人又问他："我们现在也已经做了同你一样的事情了，那么为什么你的业绩仍然能维持第一呢？"他笑一笑说："我早就知道当我上次说完这个点子之后，你们会很快地模仿，所以自那时以后我到客户那里，唯一所做的事情是把玻璃放在他们的桌上，问他们：你相不相信安全玻璃？当他们说不相信的时候，我就把锤子交给他们，让他们自己用力来砸这块玻璃。"

看来，如果我们能吸引到客户，销售的成功率就会大大提高，那么我们应该怎样做呢？

（1）用"奇言"来吸引客户

我们上门访问时出奇不意地讲一句话，往往能一下子抓住客户的注意力。

一位柜台前的销售员在卖皮鞋，他对从自己柜台前漫不经心走过的客户说了一句："先生，请当心脚下！"客户不由得停了下来，看看自己的脚面，这时销售员乘机凑上前去，对客户热情一笑："你的鞋子旧了，换一双吧！""这双鞋子式样过时了，穿着挺别扭的，我这儿有更合适的皮鞋，请试试看。”

还有，一位成功的销售商与客户洽谈交易，为了吸引对方的注意，他很喜欢用这样一句话来开始介绍他所销售的产品："说真的，我一提起它，也许你会不耐烦而把我赶走的。"这时客户马上会被勾起好奇心："噢？为什么呢？说说看吧！"

不用多说，对方的注意力已经一下子集中到以下要讲的话题上了。

满足需求或解决问题正是向客户发出"奇言"的根本宗旨，如果客户在遇到困难的时候或在我们销售访问开始时就已经了解我们可以帮助他解决问题，他们就会采取比较合作的态度，乐意接受你的销售访问。

出奇言时，要掌握好时机、对象和语言的分寸，千万不要危言耸听，俏皮话也应少讲。可惜，有些朋友恰恰忘记了这一点，即使达到了唤起客户注意的目的，也没让好戏再唱下去。如有一位初学销售的年轻人在卖帽子时试图出奇言而制胜，对一个秃顶的中年人，劈头一句就是："哥们，瞧你这头发，稀稀拉拉的剩下几根，买一顶帽子戴上吧。"结果可想而知，他的销售努力落空了。

（2）引用旁证来唤起注意

在唤起注意方面，我们广泛引用旁证往往能收到很好的效果。

在香港，一家著名的保险公司销售经纪人一旦确定了销售对象，在征得该对象的好友某某先生的同意后，上门访问时他就这样对客户说："某某先生经常在我面前提到你呢！"对方肯定想知道到底说了些什么，愿意听这位经纪人讲下去。

这样，销售双方便有了进一步商讨洽谈的机会。还有一个案例也颇能说明问题。

一位销售家用小电表的促销员向客户介绍产品时，总是这样开头的：

"我家还有我亲戚家安装的就是这种型号的电表，可省电啦！"

无论这笔生意是否谈成，这样的宣传旁证在客户心目中都会留下很深的印象，自然会对销售的产品引起注意。

引用旁证时，我们还可以引用一些社会新闻。谈论旁证材料和社会新闻，首先应以新见长，最新消息、最新商品、最新式样、最新热点，都具有吸引人的注意的凝聚能力。

虽然这种方法不大适用于匆匆而过的客户，但对于一些老主顾，对诸如洽谈对手、办公室人员却有着相当的作用。

◎ 针对客户好奇心循循诱导

销售不应该过于被动，积极的销售才能够获得不错的业绩，如果想要让客户积极地来了解产品，就应该想方设法勾起客户对产品的兴趣，而这种好奇心才会让客户更加主动地来购买。

心理学认为：好奇心是个体遇到新奇事物或处在新的外界条件下所产生的注意、操作、提问的心理倾向。好奇心是一种非常有推动力的人类天性，在销售工作中，销售人员可以适当利用人们的好奇心，从而激发客户想要进一步了解产品的欲望。通常来说，一旦客户对产品产生了好奇心，就会主动进一步地了解产品，对于销售人员来说，这正是向客户详细介绍产品的大好时机。因此，在销售产品时利用一些小技巧激发客户的好奇心，也是一项很重要的销售技巧。

对于客户而言，他们需要的是对产品的价值有一定的了解，而对于销售人员来讲，只有将客户的好奇心彻底地激发出来，才能够完成自己的销售行为。那么，我们应该采用哪些手段去引起客户好奇，从而激发客户对产品的了解欲望呢？

（1）向客户提问

小时候与伙伴做游戏的时候我们就知道，要想获得某人注意力的最简便的方法就是说："猜猜看？"这也是向对方提问题的一个例子，这使得人们会情不自禁地想，"到底是什么？"我们也可以换一种方式，比如对客户说："我能问个问题吗？"效果也是一样的，你所要询问的对象一般都会回答"好的"，同时他们还会自动设想你会问些什么，这就是人类的天性。在向客户介绍产品的时候，无论是在一开始吸引客户注意的时候，还是在介绍过程中向客户介绍产品特性的过程中，都可以利用这个小技巧来让客户主动了解产品，往往可以起到很好的效果。

（2）不要一次告诉客户全部的产品信息

有不少销售人员非常勤奋地了解产品知识，学习销售技巧，致力于成为客户面前的百科全书，为他们解答一切有关产品的疑问，这无疑是一种好的想法，却不是聪明的想法。因为他们想的只是如何去满足客户的好奇心，却很少想过要努力激起客户的好奇心。他们的看法是自己的价值存在于自己为客户所提供的信息，所以就四处进行拜访，不厌其烦地向客户反复陈述自己的公司和产品的特征以及能给客户带来的利益。这诚然是一种勤奋的销售方法，也会有不错的效果，但是，我们何不尝试更加省力而高效的方法呢？

因为，过快满足客户的好奇心会大大降低他们进一步参与的欲望。不妨试想：如果你所要拜访的客户已经掌握了他们想要了解的所有信息，他们还有什么理由非得见你不可呢？同样，如果客户在跟你的第一次见面中就已经了解了有关产品所有的问题，他们已经拥有了所有自己需要的信息，或者他们从你的陈述中获得了所有必须的信息，就没有必要再进行下一步了，这样的情况往往意味着，要么第一次见面就搞定订单，要么就没有第二次见面的机会了，这对于销售人员来说，显然不是一件好事情。

当然，也有些销售人员并不赞成这种观点。他们认为这么做会破坏销售的完整性，并影响到他们自身的专业形象。这种想法是不够全面的，因为，作为销售人员，一般第一次与一个普通客户交往不可能拥有太多的讲解时间，客户都有各自要忙的事情，何况只是一个初次联系的销售人员，是不可能给我们充分的时间让我们把自己的产品的详细信息完整地讲解给他们听的，所以，事实就是，不管你愿不愿意，你都只能传达部分信息。那么，你是选择提供全部信息满足客户的好奇心，还是只提供部分信息进一步激发他们的好奇心呢？

如果你希望客户和潜在客户主动想要了解更多产品信息，那么不要一开始就把所有产品信息都告诉他们，一定要有所保留，这就意味着你可以在以后提供更多信息，从而激起客户的好奇心。

（3）暗示客户产品的潜在价值

激发客户好奇心的另一个方式就是，在介绍产品的过程中运用暗示的手段，让客户知道产品将会带给他们很大的价值和收益，但是并不直接说明这价值和收益具体会是什么情况。这也是一个很有效果的策略。因为在客户面前晃来晃去的价值就像是诱饵一样使他们想要获得更多的信息。如果客户开口询问，你就达到了主要的目的：成功引起客户好奇，使客户主动邀请你进一步讨论他们的需求和你所能提供的产品和解决方案。这种技巧实际上就是利用技巧性的问题提供部分信息让客户看到产品价值的冰山一角，从而引起客户更大的好奇心。

例如，我们不妨可以这样通过询问的方式激发客户的好奇心。"如果我们的产品能帮助你节约成本 30%，你有兴趣看一次具体的演示吗？""稍微改进一下，你就可以极大地提高投资回报率。你希望我详细说明一下吗？""有客户通过我们的 ERP 系统节省了大量开支，你想知道有多大吗？"事实上，谁不想知道如何省钱、提高产量或投资回报率？随便问上述哪个问题，客户都很自然地想要了解更多的情况，这样我们就有了一个愿意给予我们时间和注意力的好奇客户，下一步的产品介绍也就水到渠成了。

同样，我们还可以用这个技巧来确定客户有什么问题，并暗示他我们的产品可以解决他的问题，从而激起他们进一步了解我们产品的欲望。这样的销售技巧如果运用得当，可以让我们的销售工作更加轻松，省力。

在销售的过程中运用技巧，巧妙地激发客户对于产品以及产品服务的好奇心，激发他们对于产品所带来潜在价值的期待和渴望，都会大大节省我们把产品介绍给客户的难度和劳动量，与其滔滔不绝地给客户大讲产品特性却得不到重视，不如直接告诉客户产品带来的收益会有多么巨大，就像抛出一个诱饵，对这个诱饵感兴趣的客户自然会主动产生进一步了解产品的欲望，何乐而不为呢。

◎ 说吊胃口的话，欲擒故纵

在推销中，欲擒故纵是一种非常有效的推销手段，因为人的天性就是这样，越难得到的东西就越珍贵。因此推销员就应该运用推销心理学，吊吊客户的胃口。

相信搞过推销的人大都有同感：让对方下定决心，是最困难的一件事情。特别是要让对方掏钱买东西，简直难于上青天。半路离开推销这一行的人，十有八九是因为始终未能练就促使对方下决心掏钱的功夫。

这时候，推销员就可以试试欲擒故纵，抓住客户。

"这件艺术品很珍贵，我不想让它落到附庸风雅的暴发户手里。对那些只有一堆钞票的人，我根本不感兴趣。只有那些真正有品味，真正热爱艺术，真正懂得欣赏的人，才有资格拥有这么出色的艺术珍品。我想……"

"我们准备只挑出一家代理商打交道，不知道你够不够资格……"

在正式商谈前，用语言或动作让对方觉得他或她可能得不到某种东西，制造"得不到的最珍贵"效应。这也是欲擒故纵的变相形式。

在推销方面，窍门很多，如何运用欲擒故纵之计呢？就是在推销时，充分利用"重复商谈"给对方造成的利弊，或者让对方认定"再次商谈"有害无益，使之尽快逃避恐惧；或者创造一个"再次商谈"的机会。

在推销过程中，你不妨试试以下策略。在动作上，轻轻地把对方正爱不释手的商品取回来，造成对方的"失落感"，就是一个典型的欲擒故纵的例子。还有，让对方离开尚未看够的房子、车子，都是欲擒故纵的动作。采用这一类方法时，掌握分寸最为关键，万万不能给人以粗暴无礼的印象。

制造"成就感"也是一种不错的方法。美国超级推销员乔·吉拉德非常擅用这一手。

"我知道，你们不想被人逼着买下东西，但是我更希望你们走的时候带着成就感。你们好好商量一下吧。我在旁边办公室，有什么问题，随时叫我一下。"

显示对对方的高度信任，尊重对方的选择，让对方无法翻脸，并帮助对方获得成就感。表面上的"赊账成交"即属于此。

"拿一百元买个东西，却只想试一试？对你来说，可能太过分了。既然你对这种商品的效用有点疑虑，那么我劝你别要这么贵的。你看，这是五十元的，分量减半，一样可以试出效果，也不会白跑一趟嘛！反正我的商品不怕试、不怕比。"

以上这些诀窍都是为了尽量一次成交，不知你敢不敢真的放弃生意？至少要摆出一副不愿意成交的姿态。

请你仔细地体会一下，当一个推销员对你说："也许，这个不适合你，我劝你还是不要轻易地购买"时你会多么轻松！那么，你把这句话用在别人身上，效果不是一样吗？不管你怎么说、怎么做，"故纵"时不要忘了你的目的是"擒"。

俗话说："放长线钓大鱼。"所谓"长线"在思维中就是"故纵"的"纵"。如果一不小心弄断了"线"，怎能"钓大鱼"呢？不过话又说回来，一个人要想钓大鱼，总得经过几次被鱼吃掉鱼饵、摆脱鱼钩、挣断钓丝的教训吧？注意总结经验教训，鱼饵会做得越来越香，鱼钩也会放得越来越巧妙，线也会越来越结实，一拉一放掌握好节奏……总有一天，你会发现，你运用欲擒故纵的手段，已经炉火纯青了。

欲擒故纵是一种有效的推销方法，但在使用这种方法时，一定要表现得很诚恳，这样客户才会信任你。

◎ 把客户的问题或痛苦扩大化

很多时候，我们推销的商品都不是客户急需的，因此他们往往会犹豫不决，继而拒绝购买，很多交易就是因为这个原因成为了泡影。为了提高成交的几率，推销员就必须把客户的问题或痛苦扩大，从而迫使客户愿意购买。

美国最大的保险代理商伊德·伊尔曼曾对他的客户说："米格，即使你认为现在最好不做决定，我们今天也必须拿出一个解决办法来。这里有两条选择，你自己看着办：一条是你同意投资 3 万美元购买保险，而这份保险将来可能被证明买得没有必要。虽然你我都不愿意犯哪怕是 1 美元的错，但是我相信你的生意和生活方式绝不会因为这点小错误而被根本改变。另一种选择是你迟迟不做决定、无动于衷，这样或许能节约 3 万美元……但是你想过没有？这样也可能导致你损失 100 万美元的错误。难道你看不出现在要改正这个巨大的错误是多么的轻而易举吗？……尤其是当你处在生意发展最关键的时刻。"

出色的人寿保险代理商，也运用同样的逻辑推理去说服一位客户每周投资 20 美元购买 5 万美元的保险单，他说："这就好像是我的公司建立一笔替您保管的特别款项，总额为 5 万美元。您每付一次保险费，这笔钱就增多一些。做生意就应该有投入也有收益。我呢，就负责替您积累资金——每周只有 20 美元！

"但同时，我还要为您做些别的。等到有一天您需要提取保险定金时，我会把 5 万美元填在现金登记本上，还要在您的纳税一栏写上'免税'二字。到那时，您或许要挣 10 万美元，不，您可能得挣 100 万美元才能抵得上这笔免税的保险偿付费。

"如果您愿意把 20 美元放在口袋里，我并不认为您会觉得很富有。如果您少了 20 美元，我不相信您会感到像破了产。坦率地说，要是您认识到了 20 美元能带来的巨大差异，您会很吃惊，可您现在没有……"

在这些例子中，客户面临着两种选择，一种选择可以使他得到潜在的利益，而另一种选择却意味着很大的风险，如果不做出购买决定的话，必将自担风险和损失。

一位屋顶维修承包商也可以运用这样的逻辑来说服客户，他可以对他们说："我的公司维修您家的屋顶只收 2700 美元。要是您推迟决定的话，到时候说不定您必须付 1.5 万至 2 万美元的维修费，因为雨水可能会慢慢渗透屋顶，弄坏您家的天花板、墙壁、家具和地毯。"

同样，一位汽车机械师也可以用这样的技巧对客户讲："要是我们现在不给您的车安装一个新的发动机，那么飞轮的损坏只是迟早的事情。到时候，糟糕的还不止这些，您不得不花上 1200 美元去维修变速器。而我们现在谈的仅仅是300美元，况且还可以为您节约一笔可能出现的劳务费。"

面对推销员这种技巧，客户会在潜意识里感到必须重视这个自己原来没有意识到的严重问题，从而痛快地做出购买决定。

下面是又一个"因小失大"推理成交的典范：

一位推销员向准保户展示一套非常好的残废所得补偿计划。该推销员已经试探过两次了，而他两次都回答同样的答案："我就是需要一段时间考虑看看。"

推销员："这是很正常的反应。除了需要时间考虑之外，是否还有其他任何理由，使您不能立刻就申请投保这一套保障计划呢？"

准保户："没有其他的原因了，我只是需要时间考虑考虑罢了。"

推销员："先生，可以想象这么一幅画面：现在是上午10点钟，您正埋首于办公桌前，您觉得非常惬意！您心里正想着：'我真觉得满意，一切都很顺利，业务蒸蒸日上，利润越来越丰厚，情况真是再好不过了。'"

"突然，电话铃响了。您拿起听筒，电话的另一端是您太太，她歇斯底里地告诉你，家里失火了，房子快被烧光了！您匆匆忙忙地丢下听筒，根本来不及听清楚下文，立刻冲出办公室。此刻，您的脑海里所想的是家里烧成平地的景象。"

"您上车，发动车子，火速地开出停车场，进入大街，然后转个大弯朝家的方向前进。一部大卡车从对面的岔路拐过来，撞上您的车子，您知道这下子肯定完蛋了。您的车子朝着电话亭冲过去，卡车也轰然一声撞过来，车子就这样挤在电话亭和卡车中间。您爬出车外，看看自己并未受伤，车子却全毁了！"

"但是，家里还在着火呀！您招来一部正巧路过的计程车，钻进车子，并且将家里的住址告诉司机。车子停靠在您家门口，您坐在车里，瞪着火灾之后的废墟，因为过度茫然，几乎忘记该下车了——房子已经全毁了！您太太和孩子们正站在路边院子里，旁边还有几位邻居，大家都受到了惊吓。

这个时候，您心想：'这是什么日子啊！几分钟前，我还为了自己的幸福而感到高兴。就在这几分钟之内，我失去了家，我的车子也全毁了。'于是——您下车，付钱给计程车司机，走到家人身边安慰他们……就在这个时候，住在隔壁的一位太太跑出来，说您有一个紧急的电话。

您跑进邻居家里，拿起听筒，听到一个很急促的声音向您解释，您办公大楼的暖气炉爆炸了，整栋大楼以及里面的设备全部毁了。您公司里的所有资产都付之一炬！

您坐在邻居家的沙发椅上，吓得失神了。您发现，就在一个钟头不到的时间内，您所拥有的一切全都毁灭了。您仍坚强地安慰自己：'好啦，虽然我已经失去我的家、我的车子、我的事业——但是我的家人还好，所以我还算幸运。而且，办公大楼爆炸的时候，我人不在场，所以我还算幸运。我并未在车祸中受伤，所以我还算幸运……我仍然拥有我的健康，我可以跟从前一样，靠着勤奋工作，将所有的这些东西重新赚回来。'"

"现在，先生，让我们把您的房子、您的车子，以及您的公司全部还给您，而且让我们回到一个钟头前……

从头开始，现在是上午 10 点钟，您正忙着工作，您觉得非常惬意，您觉得诸事顺利。突然间，您的胸部一阵剧痛，而且觉得自己正逐渐失去意识，您完全昏迷了。

稍后——您不知道到底过了多久——您睁开眼睛，发现自己躺在床上。当您的视力开始恢复正常之后，您看到自己置身于医院的病房中，您太太正站在床边。她说：'不要担心。我们大家都在这里，你会康复的。医生说你得了心脏冠状动脉血栓和阻塞，但是他确信你已经度过了危险期，你要好好休息一阵子。'

你坚持要知道'一阵子'到底是多久。您太太说至少几个月之后，您才能起床走动，才能上班。之后当您回到公司工作，您有好几个月的时间，只能工作半天。

可贵公司的经常性成本必须支出——办公室租金、员工薪水，以及其他的费用。最先发生的事情是，您要太太结束公司的经营。再来则是，她将您的车子出售，换一部更旧的车子。而后，她出售住宅，你们便搬到公寓里去了。

在第二个情况中，您发现自己没有收入，这个情况岂不是比第一个情况更凄惨吗？"

准保户："是，是比第一个情况凄惨。"

推销员："当您丧失谋生能力时，保证您将不至于失去财产，岂不是很有意义吗？当您残废而不能工作时，由我们公司按月寄交支票给您，岂不是很有意义吗？"

准保户："的确。"

推销员："好。假使您曾有过心脏方面的任何问题，或者曾经有过高血压，我也没有办法要求公司为您签发这一套计划……"

准保户："我决定投保了……"

一般来说，你问的扩大客户痛苦的问题越多，客户就越会把你视为顾问，视为救星，他会越觉得你的来访是在帮助他解决问题或达成目标的。当然，也只有在与客户建立信任的基础上，他才会把他的不满、难题告诉你。需要注意的是，在问扩大客户痛苦的问题之前，首先要明白自己的产品或服务究竟能帮助客户解决什么问题或达成什么目标。

扩大问题的方法是继续围绕这一问题发问。通常客户不想过多地谈论他们所担心的问题。客户通常不会思考问题继续下去会存在什么样的影响。他们会逃避思考"如果……会怎样……的问题"。

我们来看看下面这首有趣的诗：

缺少一颗钉子，就会掉一个马蹄铁。

缺少一块马蹄铁，就会影响一匹战马奔跑的速度。

战马跑不快，就会耽误一个情报。

缺少一个情报，就会输掉一场战斗。

战斗失利，就会导致输掉整个战争。

输掉整个战争，整个国家就会随之灭亡。

这一切都是因为缺少一颗钉子。

如果用上面的那个引导策略把一颗钉子卖给国王，你猜他会买吗？当然会。一颗钉子就有可能断送江山，国王当然愿意买一颗小小的廉价的钉子。扩大客户痛苦的过程也就是如何把客户的小问题变成大问题的过程。

每一场拳击赛都会给我们上一堂重要的销售课。想象一下，当一个好拳手打出致命的一拳之后会发生什么？对方被击中了。有时他会使对手的眼睛受伤，接着，他会猛击对方的薄弱部位，不会给他喘息的机会，对于销售而言，也是一样，当你发现潜在客户的忧虑、担心之处时，一定要继续追击，不要过于心软。

可以在扩大客户痛苦的问题中加一些关键的词语，如"如果……会怎么样……"、"那可能会引起……"、"那会有什么样的影响……"、"这最终会产生什么样的结果……"

这些问题都可以引发客户去深度思考、想象。那些小问题如果不解决，长此以往会对他的工作、家庭、健康等有哪些最坏的影响。当客户认为痛苦足够大时，他自然会购买。

如果你能让客户明白，不购买你的产品，不解决问题，将来会给他造成多大的痛苦，他就会很乐意与你达成交易。

◎ 在谈判中摧毁客户最后防线

在销售过程中，客户表示出购买意向后，双方不可避免就要进行商谈，在达成共识后才能成交。这样一来，谈判就成了一个非常重要的环节，只有商谈好价格等诸多细节，排除异议后，才能正式成交。

我们首先来看看销售中应该采取的谈判策略。

（1）找到双方认可的客观标准。在谈判过程中，尽管我们充分理解对方的利益所在，并绞尽脑汁为对方寻求各种互利的解决方案，同时也非常重视与对方发展关系，但还是可能会遇到非常棘手的利益冲突问题。若就某一个利益问题互不让步，即使强调"双赢"也无济于事。

谈判中，在利益冲突不能采取其他的方式协调时，使用客观标准就能起到非常好的作用。

例如，市场价值、替代成本、折旧率的计算等。要寻求并使用双方都认可的客观标准，这样双方才会认为谈判的基础是公平的，才能减少分歧继续谈判下去。实践证明，此种方式的谈判非常有效，可以不伤和气地快速取得谈判成果。

（2）不要太执著于各自立场。许多谈判僵持太久甚至一拍两散，就是因为过于重视立场或原则，双方各不相让。我们应该明白，在谈判双方对立的立场背后，不仅存在冲突的利益，而且还存在共同的或可以彼此兼容的利益。

例如，在制造业的销售谈判中，双方往往坚持各自的价格立场互不相让。其实价格立场背后还会有许多利益的存在，而且这些利益的存在对双方并不一定就是冲突。价格中是否包括外包装的费用？双方交货时间的安排对谁更重要？运输的责任必须是由买方来承担吗？是想签订长期销售合同，还是一笔交易的合同？等等。

可见，谈判的立场背后还有许多的利益因素，所以我们必须彻底分析双方的利益所在，认清哪些利益对于自己是非常重要的，是决不能让步的；哪些利益是可以让步的，是可以用来作为交换的条件的。盲目坚持立场和原则，则会使谈判陷入僵局或者使谈判彻底失败。

在谈判中最忌讳的是随意做出不恰当的让步。卓越销售员会用对自己不重要的条件去交换对对方无所谓、但对自己却很重要的一些条件。这样才能达到双赢。

在谈判中，利益的交换是非常重要的。双方谈判能否达到双赢，主要取决于双方让步的策略，而识别利益因素往往依赖于双方之间的沟通。在谈判中，不妨向客户多问几个为什么，如"您为什么一定要特别要求……"、"您为什么不能接受……"等诸多问题，以此来探求对方的真实利益所在。在销售谈判中，对于利益问题，应注意强调你为满足对方利益所做出的努力，当然，你也要对对方的努力表示钦佩和赞赏。

（3）"双赢"是最完美的结局。在许多谈判中，由于谈判者更多的是注重追求单方面利益，坚持固守自己的立场，而从来也不考虑对方的实际情况，结果买卖没有成交。如果片面地认为谈判对手的问题始终该由他们自己解决，谈判就是要满足自己的利益需要，替对方想解决方案似乎是违反常规的，这就大错特错了。

实践表明，成功的谈判应该使得双方都有"赢"的感觉。只有双方都是赢家的谈判，才能使以后的合作持续下去。因此，如何创造性地寻求双方都接受的解决方案乃是谈判的关键所在，特别是在双方谈判处于僵局的时候更是如此。

在掌握了销售策略的同时，我们还应该学习一些谈判技巧，只有把策略和谈判技巧结合起来运用，方能收到最佳的效果。那么，常用的谈判技巧有哪些呢?

a. 营造好的谈判气氛。

b. 让别人认识了解你的立场、理由、观点。

c. 求同存异。一个问题一个问题地解决，让谈判继续下去，不要破坏谈判。

d. 要有耐心，不要期望对方立刻接受你的新构想。

e. 不要逼得对方走投无路，总要留点余地，顾及对方的面子。

f. 提出比预期达成目标稍高一点的要求，给自己留些余地。

g. 表现得小气一点，让步要慢，并且还得带点勉强的样子。

h. 为对方提供一项不失面子的让步方式，同时也使自己不致看来像是一个失败的谈判者。

i. 不要轻易亮出底牌，但要尽可能了解对手这方面的资料。

j. 伺机喊"中场休息"，以让对方有机会怀疑和重新考虑，而且让你有机会重获肯定的谈判地位或者以一点小小的让步，重回谈判桌。

k. 在谈判过程中，突然改变方法、论点或步骤，使对方陷入混乱或迫使对方让步。

l. 表现一点不耐烦的情绪化行为，必要时，可以提高嗓门，逼视对手，这一招或许可以让对手为之气馁，也可显示你的决心。

m. 纵使是对方小小的让步，也值得你争取。小小的让步，就对方而言或许算不了什么，但对你来说可能非常重要，说不定对方举手之劳，就能为你省下不少时间，减少不少麻烦。

在销售谈判中，我们一定要把策略和技巧结合起来运用才能解决问题，促成交易，过分退让或太强硬对谈判都没有好处。